미국주식 투자 입문서

미국주식 투자 입문서

안정적이고 착실하게 자산을 불리고 싶은 사람에게 안성맞춤!

마츠모토 오키 지음
오정화 옮김

세계 시장에서 고군분투해 온 저자가
미국주식을 추천하는 세 가지 이유

최고가를 계속 갱신하는
뉴욕 다우 지수

사실 이 책이 세상에 처음 나온 것은 지금으로부터 8년 전입니다. 초판이 2013년 12월이니, 지금의 미국주식 투자 붐으로 보면 조금 이르다는 느낌도 있습니다.

그래도, 뭐 선견지명은 있었네요, 하하

이 책이 나왔을 당시를 잠시 떠올려 보면, 2008년 리먼 사태와 2011년 동일본 대지진, 그리고 2012년 일본 민주당 정권의 붕괴와 자민당 정권의 부활을 겪고, 아베노믹스에 의한 주가 회복과 엔화 약세로 일본의 경기가 서서히 회복 기조를 보이며, 2013년 9월 제 125차 IOC 총회에서 도쿄 2020 올림픽·패럴림픽의 개최가 결정된 시점이었습니다.

2013년은 확실히 세계에서 일본주식의 가격이 가장 크게 상승한 해이기도 합니다. 그렇게 되면 많은 개인 투자자의 눈은 아무래도 일본주식으로 향하기가 쉽습니다. 실제로 일본주식은 2013년 1월부터 2021년 6월에 이르기까지 몇 차례 조정되기는 했으나, 2021년 2월 16일에는 3만 714엔이라는 고가를 찍을 때까지 상승하였습니다. 아베노믹스 이전인 2012년 12월, 닛케이 평균 주가의 최저가가 9,376엔이었으므로 사실 닛케이 평균 주가는 8년 동안 3배나 상승했다는 말이 됩니다.

참고로 2012년 12월, 뉴욕 다우 지수의 최저가는 1만 2,883달러인데, 2021년 5월 10일에 3만 5,091달러를 기록했으므로 닛케이 평균 주가와 거의 같은 3배만큼 상승했다고 할 수 있습니다(그림 0-1).

'뭐야, 일본주식과 크게 다르지 않잖아'라는 목소리도 들리는 것 같습니다. 확실히 '상승률'이라는 측면에서 미국과 일본의 주가는 마치 같은 길을 가고 있는 것처럼 보입니다.

하지만 **그 속사정은 전혀 다릅니다.**

뉴욕 다우는 과거 최고가를 계속해서 갱신하는 데 반해, 닛케이 평균 주가는 3만 엔대에 올랐다고는 해도 아직 1989년 12월 거품 경제가 절정일 때 기록한 고가 3만 8,915엔을 넘기지 못하고 있습니다. '우리(닛케이 평균 주가)는 뉴욕 다우와 같은 수준으로 상승

그림 0-1 뉴욕 다우와 닛케이 평균 주가의 변화

(참고) '1989년 말=100'으로 한다.

하고 있다'라는 의기양양한 태도는 1989년 12월에 찍은 과거 최고
가를 뛰어넘은 후에 취하는 것이 어떨까요?

미국의 강점 ①

전 세계에서 사람이 모여 꾸준히 증가하는 인구

그렇다면 앞으로도 일본의 주가는 상승세를 이어가며 거품 경제
가 절정일 때의 고가를 뛰어넘어 점점 가격이 상승하는 환경에 놓
여 있는 것일까요?

이에 대해 솔직히 대답하자면 '쉽지 않다'라고 말하지 않을 수 없
습니다. 왜냐면 **일본 경제는 인구 감소로 성장하기 어려운 상황에
직면하고 있기 때문**입니다.

2021년 7월 1일 시점에 일본의 총인구수는 약 1억 2,536만 명입
니다. 그렇다면 미래에 일본의 인구수는 어떻게 될까요? 일본 후
생노동성의 국립사회보장·인구문제연구소가 발표한 〈일본의 장래
추계 인구〉에 의하면, 출생과 사망에 대한 고위, 중위, 저위의 가
정 가운데, 중위의 수치를 이용해 추계한 값으로, 2050년에 일본의
총인구는 약 1억 192만 명까지 감소한다고 합니다. 그 후에도 인구
는 계속 줄어들어, 2053년에는 1억 명 선을 무너뜨리고 9,924만 명

그림 0-2 일본과 미국의 장래 추계 인구

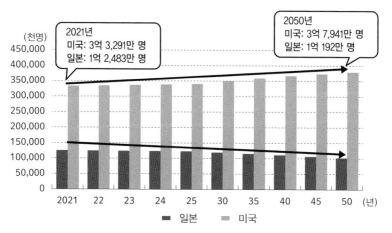

(출처) 일본 국립사회보장·인구문제연구소 〈일본의 장래 추계 인구〉, 2017년, United Nations 〈World Population Prospects 2019〉 참고 작성.

이 되며, 심지어 2063년에는 9,000만 명보다 떨어진 8,808만 명까지 감소한다고 합니다(그림 0-2).

물론 지금 일본은 인구가 감소해도 경제가 크게 침체하지 않도록 나라가 앞장서서 생산성 향상을 위한 방안을 검토하고 있지만, 이것만으로는 어떻게 될지 알 수 없습니다. 무엇보다 이러한 속도로 인구가 감소하는 현상은 적어도 제2차 세계대전 이후의 어떠한 선진국에서도 경험하지 않은 것입니다.

반면 미국의 인구는 어떻게 될까요? 미국의 인구는 앞으로도 당분간 증가를 계속할 것입니다. 2021년 미국의 총인구는 3억 3,291만 명입니다. 그리고 꾸준히 증가하여 2050년에는 3억 7,941만 명이

될 것으로 추계하고 있습니다. 결과적으로 **세계 각국에서 미국으로 사람이 모이면서 이것이 오랜 기간에 걸친 인구 증가를 뒷받침하고 있는 것**입니다.

이러한 차이는 어쩌면 경제력에 그대로 반영된다고 생각합니다. 거의 같은 기간 동안 인구가 2,300만 명이 감소하는 일본에 비해, 미국의 인구는 4,600만 명이나 증가하므로 양국의 경제력이 지금 이상으로 차이가 벌어지는 상황은 상상하기 어렵지 않습니다. 앞으로 자산을 형성하기 위해 투자하려고 마음을 먹었다면, 먼저 이 사실을 똑똑히 머릿속에 기억하기를 바랍니다.

딱 잘라 말해도 좋습니다만 **미국 경제는 매우 강합니다.** 비단 **경제에 한정된 이야기는 아니지만, 자산 형성에 성공하려면 '강한 나라'에 돈을 넣어 두는 것이 정석**입니다.

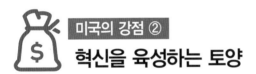

미국의 강점 ②
혁신을 육성하는 토양

미국 경제가 강하다는 사실은 2020년, 세계를 뒤덮은 코로나바이러스감염증-19(이하 코로나-19)의 감염이 확대되는 과정에서도 입증되었다고 생각합니다.

미국의 코로나-19 감염자 수는 3,623만 665명(2021년 8월 12일 기준)이며, 사망자 수는 61만 7,427명입니다. 그에 비해 일본은 감염자 수가 106만 5,910명, 사망자 수가 1만 5,323명입니다.

인구비로는 설명할 수 없을 정도로 미국의 감염자 수와 사망자 수는 모두 일본을 크게 상회하고 있습니다. 하지만 이러한 상황에서 코로나-19에 효과적인 백신을 가장 먼저 개발한 화이자, 모더나와 같은 미국의 제약 회사는 빠르게 정부의 승인을 받아 백신을 대량으로 생산하였으며, 무서운 기세로 미국 전역의 백신 희망자에게 제공하고, 나아가 전 세계에 백신을 공급하였습니다. 이미 뉴욕에서는 많은 사람이 마스크를 벗고 생활하고 있으며, 경제는 정상화를 향해 나아가고 있습니다.

백신이 개발되자 눈 깜짝할 사이에 미국 국민은 백신을 맞으려 움직이며, '이제 괜찮다'라는 생각에 경제를 단숨에 돌려놓기 시작합니다. 이러한 활력(dynamism)이 바로 미국 경제의 강점입니다.

옛날, 그렇게 말해도 약 30년 전의 일이지만, '기술력'이라고 하면 '일본'이 떠오르는 시절이 있었습니다.

물론 지금도 일본이 가지고 있는 기술력은 매우 높은 수준이지만, 눈앞에 닥친 난제를 돌파하면서 세상에 혁신적인 기술을 탄생시키는 힘은 유감스럽게도 오늘날의 일본에서는 거의 찾아볼 수 없습니다. 이러한 **혁신에 관해 미국을 대적할 만한 나라는 거의 없을 것**입니다.

전 세계에 코로나-19가 확산될 조짐이 보이기 시작한 2020년 1월 시점에 코로나-19의 백신 개발에 관한 연구는 전혀 없었습니다. 지금까지 백신이 개발되기 위해서는 항상 수년의 시간이 필요했기에 코로나-19의 백신 개발에도 그만한 시간이 필요하다고 논의되었는데, 미국 정부는 2020년 말, 미국의 화이자에 코로나-19 백신의 사용 허가를 내주었습니다.

어떻게 이렇게 짧은 기간에 백신 개발에 성공할 수 있었을까요?

먼저 과거 팬데믹 상황에 놓일 뻔했던 사스(SARS)나 메르스(MERS)라는 또 다른 코로나-19에 대응하기 위한 연구가 진행되고 있었기 때문에, 이번 백신 개발이 조기에 실현되었다는 것을 하나의 이유로 들 수 있습니다.

그렇다고 하더라도 미국이 가진 혁신적인 기술 개발 능력에 경의를 표하지 않을 수 없습니다. 이는 코로나-19의 백신 개발뿐만이 아니기 때문입니다.

예를 들어 암호자산으로 유명해진 블록체인 기술이 있습니다.

과거 비트코인 보유자 수는 세계에서 일본이 가장 많았으며, 블록체인 기술에 관한 논문은 러시아어로 작성된 것이 많았기 때문에 암호자산이나 블록체인에 관해 미국이 독점하고 있다고 말할 수 없었지만, 그 이후 미국의 급격한 반격으로 지금은 미국이 다른 나라를 리드하고 있습니다.

아니, 이렇게 간단하게 말하고 끝날 내용이 아닙니다. 미국은 이미 다른 나라보다 세 발 정도를 앞서고 있다고 말하는 것이 더 정확할지도 모릅니다.

미국에서 이렇게까지 훌륭하게 혁신이 이루어지는 이유는 **규제의 방법이 매우 뛰어나기 때문**입니다. 사회에 악영향을 미칠 수 있는 부분에 대해서는 확실하게 규제하면서도, 혁신을 위해 필요한 부분에 대해서는 규제를 완화하여 자유롭게 활동하도록 합니다. 그 완급 조절이 매우 뛰어난 것입니다.

규제를 완화하기만 하면 경쟁 상태가 과열되면서 지나치게 무질서한 환경이 조성될 우려가 있습니다. 그러므로 적절하게 관리하면서 혁신을 촉진할 필요가 있는 것입니다.

사실 일본에도 규제 완화로 기술이 현저하게 발전한 분야가 있습니다. 바로 iPS 세포(유도 만능 줄기세포)에 의한 재생 의료 분야입니다. 이 분야에 대해서는 다양한 임상실험을 할 수 있도록 '하고 싶은 만큼'이라고 말해도 좋을 만큼 규제를 완화하였습니다.

그 결과 일본은 이 분야에서 세계 최고라고도 할 수 있는 수준으로 기술이 진화하였습니다. 코로나-19가 전 세계로 확산되기 전에는 미국이나 아랍의 여러 나라, 중국의 부유층이 개인 전용기를 타고 일본에 들어와, 젊어지기 위한 시술을 하고 귀국하는 사례가 빈번하게 있을 정도였습니다.

이는 재생 의료 분야에서 일본의 기술이 우수하기 때문이나 다름없습니다. 적절한 규제 완화를 통해 엄청난 기세로 혁신이 일어난 훌륭한 사례라고 해도 좋을 것입니다.

그런 일본이 암호자산, 블록체인 기술에서 미국의 뒤를 좇아가게 된 것은 규제로 옴짝달싹 못하게 되었기 때문입니다. 혁신을 촉진할 여지를 제대로 만들지 않고, 규제만 선행시킨 것이 가장 큰 패인입니다.

예를 들어 일본의 은행이나 신탁은행은 암호자산을 보관 및 관리(custody)하는 업무를 할 수 없습니다. 이는 2019년, '신탁업법'이라는 법률에서 신탁은행은 신탁 업무로써 암호자산의 커스터디 업무를 할 수 없다는 것을 명시해버렸기 때문입니다. 그에 비해 은행은 '은행법'에 명시되어 있지 않아 암호자산의 커스터디 업무가 가능했는데, 실제로 이를 이행하기 위해서는 개별적으로 금융청의 승인을 받아야 할 필요가 있어, 결국 일본의 은행과 신탁은행은 암호자산의 커스터디 업무를 이행하지 않았습니다(일본은 2022년 가을부터 신탁은행에서도 암호자산 커스터디 업무를 할 수 있도록 법률이 개정되었다).

그러나 그사이 미국에서는 은행이 암호자산 커스터디 업무를 할 수 있도록 시스템을 정비했습니다. 미국에는 이미 암호자산 커스터디 업무를 시작한 은행도 있으며, JP모건 체이스, 골드만삭스 등 대기업 금융 기관도 마침내 해당 분야에 착수한다는 의사를 밝혔습니다.

지금까지 암호자산이라고 하면 어딘지 모르게 미심쩍은 느낌이 따라다녔습니다. 하지만 JP모건 체이스나 골드만삭스 등 당대 최고의 금융 기관이 이 분야를 시작한다고 하면, 아무래도 암호자산에 대한 사람들의 관심과 신뢰도가 높아질 것입니다. 그러면 이용자도 안심하고 사용할 수 있으며, 비즈니스가 될 가능성이 커지면 해당 분야에 기업가나 엔지니어 등이 모이게 되므로 혁신은 더욱 가속화될 것입니다.

일론 머스크로 알려진 우주 비즈니스도 마찬가지입니다. 그는 스페이스 X, 정식 명칭 '스페이스 익스플로레이션 테크놀로지스(Space Exploration Technologies)'라는 기업을 이끌고 있는데, 2021년 4월 16일, NASA(미국 항공우주국)가 달 표면에 우주 비행사를 착륙시키기 위한 기체의 제조를 스페이스 X에 위탁했다는 뉴스가 나왔습니다.

스페이스 X가 단독으로 우주 개발을 하는 것이 아니라, NASA와 같은 국가 기관이 이노베이터의 능력을 훌륭하게 활용하여 기술 개발을 추진하는 것입니다.

이러한 사례에서 알 수 있듯 **미국에는 단순한 기술력뿐만 아니라, 최첨단 기술을 국가가 육성하는 시스템과 책임, 기질, 문화 등이 뿌리내리고 있습니다.** 그렇게 지금까지 세계의 흐름에 한 발 뒤처졌던 미국의 블록체인이 단숨에 세 발 정도를 앞서 나가게 되었으며, 우주 산업에 이르러서는 민간 이노베이터의 힘을 훌륭하게 활용하여 이제는 세계보다 다섯 발을 앞서 나가는 수준으로 진화할 수 있었던 것입니다.

미국의 강점 ③

기술 혁신을 뒷받침하는
풍부한 인재

지난 미국 대통령 선거에서 트럼프 전 대통령이 한 번의 임기로 대통령 자리에서 내려오고, 다음으로 존 바이든 대통령이 탄생하였습니다. 그리고 공화당 정권에서 민주당 정권으로, 체제에도 큰 변화가 있었습니다.

대통령이 같은 공화당 내에서 다른 인물로 교체되는 것과는 비교도 할 수 없습니다. 보수적인 정책 아래 작은 정부를 목표하고 있는 공화당에서, 자유로운 정책으로 큰 정부를 지향하는 경향이 강한 민주당으로 바뀐 것입니다. 당연한 말이지만, 이것은 엄청난 스트레스가 됩니다.

그다지 좋은 사례는 아니지만, 일본에서도 자민당 정권이 야당으로 내려온 시기가 있었습니다. 오래전, 1993년부터 1994년까지의 비자민·비공산 연립 정권 시대와 2009년부터 2012년에 걸친 민주당 정권 시대인데, 당시 야당이 여당으로 올라서자, 결국 정권은 제 기능을 하지 못했습니다.

그런데 미국의 경우에는 민주당과 공화당의 양당제를 바탕으로 두 정당, 여당이 되거나 야당이 되는 것을 반복하기 때문에, 정권의 교체 정도로는 기능 부전에 빠지지 않습니다. 그 배경에는 정치가뿐만 아니라, 정치가를 지원하는 관계자의 인재가 매우 두텁다는 것을 들 수 있습니다. 실제로 미국은 2020년 시행된 대통령 선거로 트럼프에서 바이든으로 대통령이 바뀌고, 공화당에서 민주당으로 정권이 교체되었지만, 국가는 아무런 문제 없이 움직이고 있습니다.

이러한 탄탄한 인재는 정치 영역뿐만 아니라 군대나 경제, 금융에 이르기까지 모든 부분에서 볼 수 있습니다. 탄탄한 인재야말로 미국의 저력을 뒷받침하고 있다고 해도 과언이 아닙니다.

그리고 이러한 두터운 **인재는 미국의 이민 정책에 의해 유지되고 있다**고도 생각할 수 있습니다. 물론 그 나라가 사람을 끌어들일 만한 매력이 없다면, 아무리 적극적으로 이민 정책을 추진해도 소용이 없을 것입니다.

하지만 미국에 이민자들이 모이는 것은 그만큼 매력적인 이유가 있기 때문임이 틀림없습니다.

그 이유 중 하나는 교육이라고 할 수 있습니다. 특히 고등 교육에 있어 미국을 능가하는 나라는 없을 것입니다. 전 세계 유학생에게 인기 있는 대학을 생각하더라도, 스탠퍼드대학, 하버드대학, 매사추세츠공과대학(MIT) 등 미국에는 세계적으로 명성 높은 대학이 많이 존재합니다(그림 0-3).

교육 수준이 높을 뿐만 아니라, 이곳에 모이는 학생은 미래에 세계적인 엘리트로 성장하기 때문에 여기에서 사귄 친구는 귀중한

그림 0-3　2021년 세계 대학 순위

순위	대학명	국가
1	옥스퍼드대학	영국
2	스탠퍼드대학	미국
3	하버드대학	미국
4	캘리포니아공과대학(Caltech)	미국
5	매사추세츠공과대학(MIT)	미국
6	케임브리지대학	영국
7	캘리포니아대학버클리(UCB)	미국
8	예일대학	미국
9	프린스턴대학	미국
10	시카고대학	미국
⁓		
36	도쿄대학	일본

(출처) The Times Higher Education
(참고) 100위 내에 진입한 국내 대학으로 서울대학교(60위)와 한국과학기술원(KAIST)(96위)이 있다.

인맥이 됩니다. 그래서 정치나 경제 분야에서 최고를 목표하는 우수한 학생이 점점 미국에 모이는 것입니다.

　여러분이 알고 있는 미국의 유명한 기업가가 반드시 미국에서 태어났다고는 할 수 없습니다. 구글의 창업자인 세르게이 브린은 러시아 출신이며, 앞에서 언급했던 일론 머스크도 남아프리카공화국 출신입니다.

　이처럼 이민자가 기업을 설립하여 미국의 고용을 창출하는 것은 최근의 테크 기업에만 해당하는 이야기는 아닙니다.

지금은 세계적인 브랜드가 된 청바지 브랜드 리바이스는 1847년 독일에서 미국으로 이주한 리바이 스트라우스가 설립한 회사이며, 오늘날 미국의 유력 경제 전문지 포천(Fortune)이 선정한 500대 기업 중 40%가 이민자 혹은 그 자녀들에 의해 설립된 기업이라는 통계도 있습니다.

 ## 세계에서 가장 안심하고 투자할 수 있는 나라, 미국

2020년 3월 16일, 뉴욕 다우 지수는 전주 말 대비 2,997달러가 떨어졌는데, 2,352달러 하락한 3월 12일보다 더 큰 폭으로 떨어지며, 과거 최대의 하락 폭을 기록하였습니다. 그렇게 3월 16일 뉴욕 다우 지수는 2만 188달러 52센트로 마감하였습니다.

그전까지 다우 지수는 3만 달러를 목표로 계속 상승하고 있었는데, 순간적으로 찍은 저가에서 1만 9,000달러 선이 붕괴되었던 것입니다. 시장 관계자들은 리먼 사태의 악몽이 되살아나면서, 심장이 덜컥 내려앉았을 것입니다.

하지만 뉴욕 다우 지수는 그로부터 1년도 지나지 않아 3만 달러를 돌파하였으며, 2021년 5월 10일에는 3만 5,091달러라는 고가를 기록하였습니다.

미국 주가가 이렇게까지 인상적인 회복 기조를 되찾을 수 있었던 이유는 무엇일까요?

당시 급락하는 주식 시장을 지탱하던 것은 FRB(미국 연방준비
제도이사회)였습니다. 긴급 추가 금리 인하를 통해 단기 금리를 사
실상 0%에 가깝게 만드는 제로금리 정책을 펼치며 1조 5,000억 달
러 규모의 추가 자금을 공급하였지만, 주가가 더 크게 하락하면서
그보다 대담한 금융 완화 정책을 내놓았습니다.

바로 '**달러의 무제한 공급(infinitive amount)**', 즉 자금을 무한정
으로 공급한다고 선언한 것입니다.

이것이 시장 관계자에게 매우 강력한 발언이 되었다는 것은 말
할 필요도 없습니다. 자금 융통의 걱정만 없으면 일단 경제의 톱
니바퀴가 멈추는 일은 없습니다.

이러한 금융 완화 정책에 의한 안심감으로, 주가는 다시 상승 경
향을 보이게 되었습니다.

그렇다면 미국은 어떻게 이렇게까지 주식 시장에 대해 친화적인
정책을 펼칠 수 있는 것일까요?

그것은 **국가가 나서서 주가를 보호하는 데 전념하고 있기 때문**입
니다. 다시 말해 주가가 상승하면 상승할수록 미국에서 생활하는
사람들, 혹은 미국에 거점을 두고 있는 기업 등 모든 사람에게 혜
택이 돌아가도록 하는 시스템이 구축된 것입니다.

예를 들어 기업 경영자가 받는 보수는 대부분 스톡옵션입니다.
즉 주가가 오르면 오를수록, 스톡옵션을 주식으로 전환함으로써

경영자가 받을 수 있는 보수는 증가합니다.

또한 '529 플랜(529 College Saving Program)'이라는 부모나 조부모가 가입하면서 자녀를 수익자로 지명하여 대학이나 대학원 등 고등 교육에 필요한 자금을 적립하는 미국의 학자금 저축 제도가 있는데, 이 제도 또한 주식으로 운용되고 있습니다. 따라서 주가가 하락하면 교육 자금이 줄어들면서 미래의 미국을 짊어질 아이들의 고등 교육에 악영향을 미치게 됩니다.

스톡옵션이나 529 플랜은 어디까지나 하나의 사례에 불과하지만, 어쨌든 미국이라는 나라는 모든 분야에서 주가가 상승할수록 국민의 생활이 풍요로워지는 구조를 강구하고 있습니다. 이러한 구조인 이상, **주가가 크게 하락했을 때는 어떻게든 주가를 원래 수준으로 되돌리려는 역학이 발생하게 됩니다.**

그래서 FRB도 코로나 팬데믹이 일어난 직후, '달러의 무제한 공급'이라는 엄청난 금융 완화를 즉각 결정한 것입니다.

이처럼 거국적으로 주가의 상승에 진심인 나라는 어쩌면 미국을 제외하고는 없다고 생각합니다.

앞으로도 미국의 주식 시장은 아마 몇 차례 급락할 것입니다. 하지만 **국가가 나서서 주가 상승에 전념하는 구조를 유지하는 이상, 미국은 세계에서 가장 안심하고 주식에 투자할 수 있는 나라라고도 말할 수 있을 것입니다.**

미국주식 투자로
'사적 연금'을 운용하자!

자, 잘 생각해 봅시다. 오늘날의 일본은 이미 '초고령 사회'에 진입하였습니다. 이제 '고령화 사회'가 아니라, 그보다 고령자의 비율이 더 높은 초고령 사회입니다. 인구 추계에 의하면, 2050년에는 현역 세대 1.2명이 65세 이상의 고령자 1명을 책임져야 하는 시대가 된다고 합니다.

그 부담을 가볍게 하려고 국가는 사회 보장 제도를 개혁하고 있는 것인데, 이때 '국가가 어떻게든 해 줄 것이다'라는 생각은 하지 않는 것이 좋습니다. 정책이 제대로 기능한다는 보장은 아직 어디에도 없기 때문입니다.

그러므로 결국 **개개인이 자신의 노후 생활 자금을 이른 시기부터 준비할 필요가 있습니다.**

2050년은 아직 먼 미래의 이야기라고 생각하는 사람도 많을 것입니다. 하지만 지금이 2021년이니, 이제 29년 후의 일입니다. 2021년에 대학을 졸업하여 사회인이 된 사람은 2050년이면 아직 50대 초반의 한창 일할 나이입니다. 앞으로도 일본의 총인구는 계속 감소하는 길을 걷고, 심지어 총인구에서 차지하는 현역 세대의 인구 비율이 점점 감소할 것이므로 2021년 신규 졸업자들이 정년을 맞이할 때면 연금을 비롯한 사회 보장 제도는 지금 이상으로 어려운 상황에 놓일 우려가 있습니다.

적어도 받을 수 있는 연금의 액수가 지금보다 더 증가하지는 않을 것입니다.

이러한 사실을 알게 되었으니 지금 당장 준비를 시작하는 것은 어떨까요?

자산 운용은 젊었을 때 시작하는 것이 유리합니다. 왜냐면 손해를 보더라도, 일해서 손실을 메꿀 가능성이 있기 때문입니다. 또한 앞으로도 미국 경제가 계속해서 우상향으로 좋아진다고 가정한다면, 도중에 주가가 하락하여 손실을 보더라도 계속 주식을 보유함으로써 만회하는 것도 가능하다고 생각할 수 있습니다.

하지만 정년을 맞이한 후에 리스크 상품으로 운용하는 경우, 위와 같은 이점을 누리지 못할 우려가 있습니다. 나이가 들수록 점점 적극적으로 일하기가 어려워지고, 금융 상품을 계속 보유하면서 손실이 회복되기를 기다릴 만큼의 시간적 여유는 점점 줄어들기 때문입니다.

그런 의미에서 **조금이라도 젊을 때 미국주식의 운용을 진지하게 생각해 보았으면 합니다.**

'투자와는 인연이 없다'라고 생각하는 사람도 있을 것입니다. 그러나 사실 투자에 대한 허들은 그렇게 높지 않습니다. 그러므로 일본 통화로 10만 엔 정도의 자금만 있으면 매매할 수 있는 종목도 많이 있습니다.

'알고 있는 미국 기업이 전혀 없다'라고 말하는 사람은 자신의 주변을 한 번 둘러보기를 바랍니다.

평소에 아마존에서 물건을 구입하고 있지는 않나요?

무언가를 조사하고 검색할 때, 구글을 이용하는 사람이 매우 많지 않나요?

넷플릭스에서 온디맨드의 영상 콘텐츠를 보는 사람도 많을 것이고, 혹시 여러분은 스마트폰으로 애플의 아이폰을 사용하고 있는 것은 아닌가요?

사실 우리 주위에는 엄청나게 많은 미국 기업의 제품과 서비스가 존재합니다. 어쩌면 미국 기업은 여러분에게 친숙한 존재일 수 있습니다. 조금만 강한 호기심을 가지면, 새로운 자산 운용의 세계가 펼쳐질 가능성이 있는 것입니다.

차례

이 책은 2013년, 모넥스증권주식회사에서 간행된 《세계 시장에서 고군분투해 온 내가 미국주식을 추천하는 이유(世界のマーケットで戦ってきた僕が米国株を勧めるこれだけの理由)》에 최신 정보를 추가하여 미국주식 투자에 처음 입문하는 사람을 위해 대폭 개정한 책입니다.

[제 **1** 장]

맥도널드는
일본주식이 아니라 미국주식에 주목!

미국 주가는
200년 동안 계속 상승하고 있다

미국주식의 대단한 점은 오랫동안 **'계속 주가가 오르고 있다'**라는 점입니다.

뉴욕에 증권거래소가 설립된 것은 1817년입니다. 그러니 이미 200년 이상의 역사가 있다고 할 수 있습니다. 그 **200년 동안 미국 주가는 여러 차례 대폭락을 경험하였는데, 그런 대폭락 이후, 주가는 반드시 서서히 회복하였으며, 어느새 고가 갱신을 계속하고 있습니다.**

과거, 미국주식이 크게 폭락한 대표적인 사례는 다음과 같습니다.

①1929~1931년, 세계 대공황(**▲89%**)
②1973~1974년, 제1차 석유 파동(**▲45%**)
③1987년, 블랙 먼데이 사태(**▲36%**)
④2000~2002년, 닷컴 버블 붕괴(**▲33%**)
⑤2007~2009년, 리먼 사태(**▲53%**)
⑥2020년 2~3월, 코로나-19 팬데믹(**▲37%**)

괄호 안의 숫자는 모두 뉴욕 다우 지수의 하락률을 가리키고 있습니다.

이렇게 몇 번이나 엄청난 하락을 겪은 미국주식 시장이지만, 그 장기적인 추세를 보면,

1906년　1월 12일 …… **100.25달러**
1972년　11월 14일 …… **1,003.16달러**
1999년　3월 29일 …… **10,006.78달러**
2017년　1월 25일 …… **20,068.51달러**
2020년 11월 24일 …… **30,046.24달러**

이렇게 위와 같이 **120년 이상 꾸준히 상승하고 있다**는 것을 알 수 있습니다.

이것이 미국주식 시장의 대단함입니다.

그에 비해 일본은 어떨까요?

일본의 주식 시장은 실질적으로 제2차 세계대전 이후에 시작되었다고 보는 것이 타당할 것입니다. 닛케이 225 평균 주가는 1989년 12월 말, 3만 8,915엔까지 계속 우상향하며 상승세를 이어갔습니다. 그러다가 미국과 마찬가지로 제1차 석유 파동과 1965년 일본의 증권 불황, 심지어 블랙 먼데이라는 폭락까지 경험했는데, 그것을 극복하고 주가는 상승하였습니다.

그러나 그것도 거품 경제(1986~1991년)의 붕괴 앞에서는 속수무책이었습니다. 닛케이 평균 주가는 미국주식과는 달리, 제2차 아베 정권에 의한 '아베노믹스'가 시행되기까지 **20년 이상에 걸쳐 계속**

하락한 것입니다.

물론 오늘날에 이르기까지 몇 차례 회복의 조짐이 보이기도 했지만, 결국 기대에 부응하지 못한 채, 주가는 계속 낮은 수준에 머무르고 있습니다.

2021년 2월 15일, 닛케이 평균 주가가 30년 6개월 만에 3만 엔을 돌파해 화제가 되었습니다. 하지만 아직도 과거의 최고가를 갱신하지는 못하였으며, 이 주가 상승이 진정한 의미에서의 '상승'이기 위해서는 1989년 12월에 찍은 3만 8,915엔을 뛰어넘어야만 합니다. 이것이 실현되어야 비로소 일본 주가가 상승 국면에 들어서며 4만 엔을 넘게 되는데, 그러기 위해서는 아직 어느 정도의 시간이 필요할 것입니다.

그러나 미국 주가는 적어도 뉴욕 다우만 보면, 크게 하락하기는 해도 그 **회복이 비교적 빠르다는 점에서 일본의 주식 시장과는 명백히 다른 강력한 상승세**를 느끼게 합니다.

최근 사례를 보아도, 닷컴 버블 붕괴 전 기록한 고가를 앞지른 것은 약 6년 만이며, 리먼 사태 이전의 최고가를 제치기까지는 약 5년 반이 걸렸습니다. 참고로 1987년 10월 발생한 블랙 먼데이의 경우에는 1년 10개월 만에 고가를 탈환하였습니다. 또 2020년 3월 코로나-19 팬데믹의 경우에는 불과 6개월 만에 팬데믹 이전의 고가를 갱신하였습니다.

굉장히 놀라운 회복력입니다.

미국주식 시장의 역사에서 고가를 회복하는 데 가장 긴 시간이 걸린 것은 1929년 세계 대공황 때로, 이때는 이전 수준을 회복하기까지 22년 2개월이 걸렸습니다. 그러나 그 이외의 폭락 국면은 모두 '역사적'이라는 수식어가 붙긴 하지만, 일본의 거품 경제 붕괴 이후의 저가 국면과 비교하면 '가벼운 쇼크'로 끝난다고 할 수 있습니다.

이렇게 미국 주가는 200년이 넘는 역사 속에서 꾸준히 최고가를 갱신하고 있습니다. 다른 국가의 주식 시장을 봐도, 미국만큼 **폭락 이후의 회복이 빠르고, 오랜 기간 계속해서 최고가를 갱신하는 사례는 찾아볼 수 없습니다.**

반복해서 말하지만, 이는 그만큼 미국 경제가 튼튼하다는 증거라고 할 수 있습니다.

 ## 미국에서 주가를 의식한 경영을 하는 이유

이처럼 미국 주가가 과거 최고가를 계속 갱신할 수 있는 이유는 **미국에 자본주의 사고방식이 철저하게 자리잡고 있기 때문**이기도 합니다.

자본주의 세계에서는 주주의 입장을 매우 존중하기 때문에, 기업은 주식의 가치를 조금이라도 높이려고 하며, 경영을 위해 부단한 노력을 기울입니다. 예를 들어 최근 20년간 다우 지수 채용 종

그림 1-1 뉴욕 다우 지수 배당 종목의 배당금 합계

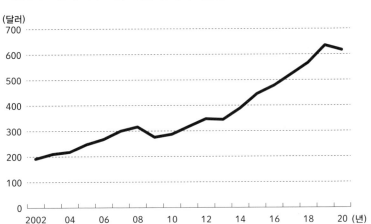

목의 배당금 합계 추이를 보면, 전년 대비 감소한 해는 얼마 되지 않습니다(그림 1-1).

사회 전체에 단단히 뿌리 내리고 있는 이러한 사고방식과 문화가 미국 주가를 지탱하고 있는 것입니다.

그렇다면 주식 가치를 중시하게 된 이유는 무엇일까요? 여기에는 몇 가지 배경을 생각할 수 있습니다.

그중 하나가 'PER혁명'입니다. **PER**이란 'Price Earning Ratio(주가 수익 비율)'의 약자로, 주가를 1주당 이익으로 나누어 구할 수 있습니다. PER이 높을수록 주가는 이익에 비해 높은 가격으로 거래된다는 것을 의미하며, 반대로 PER이 낮을수록 주가는 이익에 비해 낮은 가격에 거래된다는 것을 의미합니다.

PER의 개념이 등장하기 전에는 주가가 그 기업이 가지고 있는 자산 가치를 반영하여 형성된다고 생각했습니다. 즉 PBR의 개념입니다. **PBR**은 'Price Book-value Ratio(주가 순자산 비율)'의 약자로, 주가를 1주당 순자산으로 나누어 구해지는 수치입니다. 여기에서 순자산이란, 자본을 포함한 기업의 순수한 재산을 가리킵니다.

주가 형성의 요인이 '자산 가치'에서 '수익'으로 변화함에 따라 '주식의 가치=주가'가 크게 상승하였는데, 그 결과 미국의 자본 시장에는 막대한 부가 창출되었습니다. 당연히 당시 주식 투자를 하던 사람들은 엄청난 부를 손에 넣었을 것입니다. 그에 따라 **개인 수준에서도 주식이 중요하다는 인식이 생겨났으며, 그것이 주가를 의식하는 경영을 중시하는 문화로 이어졌다**고 할 수 있습니다.

나아가 발상을 조금 더 확장하면, 애초에 미국이라는 나라가 건국된 경위부터 주주를 중요하게 여기는 풍토가 있었을 수도 있다고 생각할 수 있습니다.

미국에서는 정권을 '어드미니스트레이션(administration)'이라고 표현하는데, 이 단어에는 정권 외에도 행정, 집정, 관리, 운영, 감독 관리라는 의미도 있습니다.

미국의 개척사는 1690년 메이플라워호를 탄 영국의 퓨리턴(청교도)이 플리머스 항구를 출발해 오늘날의 미국 매사추세츠 만에 도착하면서 시작합니다. 굉장히 넓은 국토를 계속해서 서쪽으로 돌진하고, 미국 원주민과 싸우면서 개척해 나갔는데, 다들 개척하는 데 급급하여 같은 무리에서도 의견 차이를 좁히기 어려웠습니다.

그래서 그 가운데 조정하는 역할을 선출한 것이 '대통령'이라는 개념의 시작이라고 여겨집니다. 다시 말해 대통령=정권은 어드미니스트레이션인 것입니다.

이와 같은 배경으로 인해 미국에는 **국민 한 사람 한 사람이 나라를 지탱한다는 의식이 강하게 자리잡고 있습니다.** 그렇기 때문에 기업을 뒷받침하는 주주의 존재도 존중하는 것입니다.

 ## 일본 기업은
주주를 의식하지 않았다

그렇다면 일본은 어떨까요?

미국보다 주주의 존재를 중시하지 않는다고 느낄 수 있는 상황이 일본에 있다는 것은 확실합니다. 그 이유는 무엇일까요? 여러 방면으로 생각해 보면, **'역시 패전에 원인이 있는 것이 아닌가'**라는 결론에 도달합니다.

근대 일본의 사업가였던 시부사와 에이이치 등이 활약한 메이지 시대의 경제는 지금보다 훨씬 더 자본주의적이었다고 생각합니다. 그런데 전쟁에 패하면서 일본의 국토가 초토화되고, 경제는 매우 황폐해졌으며, GHQ(연합국 최고사령부)의 명령으로 재벌 등이 해체되었습니다. 일본 경제는 전쟁이 끝난 직후, 0(영)부터의 시작을 각오해야만 했습니다.

일본 경제가 발전할 수 있었던 이유는 전쟁 이후 부흥에 필요한 산업과 인프라에 중점 투자하는 경제 정책이 시행되었기 때문입니다. '재정 투·융자' 등은 그를 아주 잘 나타내는 대표적인 정책이라고 할 수 있습니다.

재정 투·융자란, 우체국 저금이나 연금 등을 통해 국민에게 모은 자금을 국가의 중요한 인프라를 구축하기 위해 집중적으로 투·융자하는 제도입니다. 이런 제도가 있었기에 일본 경제는 황폐한 대지 속에서 훌륭하게 일어설 수 있었습니다.

그러나 이와 같은 **국가 자본주의적인 투자 활동이 전쟁 이후 오랜 기간에 걸쳐 계속됨에 따라 본래 자본주의의 핵심이어야 할 기업 주주에 대한 의식이 오히려 약해졌다**고도 할 수 있습니다. 기업으로써는 주주보다 재정 투·융자 자금을 배분해주는 특수 법인의 눈치를 보면 그에 상응하는 일을 수주할 수 있었으며, 무엇보다도 일본 기업은 주주를 개인보다 법인으로 구성하는 경우가 훨씬 많았습니다.

법인 주주가 많았던 이유는 '주식의 상호 보유(reciprocal share holding)' 때문입니다. 주식의 상호 보유란, 예를 들어 A사가 B사의 주식을 보유하고, B사도 A사의 주식을 보유함으로써 서로의 대주주가 되는 것을 의미합니다. 원래 이는 외국 자본에 쉽게 매수당하지 않기 위해 고민하여 시행한 것이었는데, 한편으로는 그로 인해 개인 주주의 입장이 크게 후퇴하였습니다.

무엇보다 '피차일반'이라는 생각으로 주식을 보유하고 있기 때문에, 예를 들어 주주총회에서는 날카로운 질문이 나오지 않습니다. 서로 '얼렁뚱땅' 넘어가게 되는 것입니다.

그렇게 되면 주가를 의식한 경영과는 거리가 멀어지는 방향으로 빠지기 쉽습니다.

이렇게 전쟁 이후, 오랜 기간 **일본 기업은 주주의 존재를 의식하지 않고 기업을 경영하였습니다.** 이렇게 생각하면 미국 기업에 비해 주주 가치를 중시한 경영 의식이 희미해진 이유도 수긍할 수밖에 없습니다.

투자한다면 역시 주주를 깊이 고려해주는 기업에 투자하고 싶은 것이 당연합니다. 이러한 이유에서라도 미국 기업에 대한 투자로 시야를 넓히는 것이 좋을지도 모릅니다.

결국 세계의 돈은
미국을 목표로 한다

프롤로그에서도 다루었지만, 다양한 투자 대상국·지역이 있어도 '투자 머니'라는 것은 결국 미국을 향하게 된다고 생각합니다.

자립된 경제 운영이 불가능한 일본. 한 자녀 정책의 폐해가 드러나는 중국. 선진국 경제의 단계에 도달하기에는 아직 시간이 필요한 인도입니다.

게다가 유럽 경제도 여러 문제를 끌어안고 있습니다. 2009년에

드러난 그리스의 국가 재정 분식 회계가 방아쇠가 되며 확장된 '유럽의 채무 위기'는 일단락됐지만, 2016년 6월 23일에 시행된 영국의 국민 투표에서 영국의 유럽연합(EU) 탈퇴가 결정되었으며, 2020년 1월 31일, 영국은 정식으로 유럽연합을 탈퇴하였습니다. 그로 인해 영국과 유럽연합의 각 가맹국에 어떠한 영향이 발생했는지는 아직 나타나지 않았습니다.

그렇게 보면 **전 세계의 투자 머니는 결국 미국으로 흘러 들어간다**고 할 수 있습니다.

앞에서도 언급한 것처럼 미국의 주식 시장은 과거 200년의 역사 속에서, 장기적으로 보면 최고치를 계속 경신하고 있다는 사실을 알 수 있습니다. 실제 그 기간 동안 미국의 주식 시장을 통해 **투자자에게 지불된 배당금이나 자본 이득은 막대한 금액일 것**입니다.

또한 미국은 자산 안전성이 매우 높은 국가라는 점에서도 세계의 투자자를 끌어당깁니다.

그렇다고 일부 조세 피난처(tax haven)와 같이 계좌의 비밀성이 높고, 온갖 탈세 자금을 빨아들이는 온상이 된다는 의미는 아닙니다. 오히려 미국은 이런 탈세 자금을 엄격하게 좇는 나라이기에, 재산의 비밀성을 유지하기 위해 미국의 주식에 투자하는 것은 아무런 의미도 없습니다.

그와 반대로 미국은 아무리 반미 감정이 심한 사람이라고 하더라도 그 사람의 금융 자산을 확실하게 보전해주는 전통이 있습니다(유일한 예외는 테러리스트의 자금입니다). 그러므로 미국의 금융 제도는 자산의 안전성을 유지하고 싶은 사람에게 매우 적절하다고 할 수 있습니다.

그래서 중국이나 중동 사람처럼 정치적으로 항상 미국과 으르렁거리는 관계에 있는 사람도 오히려 자신의 자산 일부를 적극적으로 미국 은행의 계좌 등에 분산하고 있습니다.

이러한 사실과 더불어, **앞으로 미국 경제가 더욱 강력해질 것이라는 전망이 명확하므로 전 세계의 투자 자금이 미국으로 향하고 있는 것**입니다.

흔히 'G7'은 미국을 비롯해 일본, 영국, 프랑스, 이탈리아, 독일, 캐나다의 선진국을 가리키는데, 특히 경제와 투자 관점에서는 G7이 아니라 'G1'이라고 해도 좋습니다. 여기에서 '1'은 물론 미국을 의미합니다.

 ## 인터넷 증권으로 미국주식을 간단하게 매매할 수 있다

과거에는 미국주식을 비롯한 외국 주식에 직접 투자하기 위해 꽤 높은 장벽을 뛰어넘어야 했습니다.

오늘날에는 실시간으로 미국주식을 거래할 수 있지만, 예전에는 국내의 주식 거래 시간 중 투자자가 증권사에 매매 주문을 요청하면, 그 주문을 받은 증권사가 현지 시각으로 한밤중인 미국에 주문을 제출하고, 현지의 거래소가 열었을 때 주문이 성립되는 흐름이었습니다. 그래서 매매 주문을 제출한 이후 매매의 성립을 알기까지, 꼬박 하루라는 시간이 걸렸습니다.

하지만 지금은 인터넷 증권을 통해 국내 주식의 매매와 같은 감각으로, **미국의 주식 시장이 열려있는 시간대에 자유롭게 미국주식을 거래할 수 있게 되었습니다.** 이는 모두 기술의 진화 덕분입니다.

오늘날 투자자가 일본에서 미국주식에 투자하는 방법은 크게 인터넷 증권사를 통해 직접 미국주식을 매매하는 방법과 미국주식을 들여와 운용하는 투자 신탁을 사는 방법, 두 가지가 있습니다.

과거에는 도쿄증권거래소의 외국부에 상장된 미국 기업의 주식에 투자하는 방법도 있었지만, 2021년 6월 시점에 도쿄증권거래소 외국부에 상장되어 있는 5개 종목 가운데, 미국 기업의 주식은 메디치노바(MediciNova)와 테크포인트 DRC, 두 종목밖에 없습니다.

2013년 시점에는 7종목이 상장되어 있었지만, 상장이 폐지되는 미국 기업이 증가하면서 현재와 같은 상황이 되었습니다. 그만큼 일본주식 시장의 존재감이 하락했다는 의미입니다. 일본의 증권업계에 몸을 담고 있던 사람으로서 약간 쓸쓸한 기분이 들기도 합니다. 하지만 이제는 도쿄증권거래소 외국부에 의지하지 않아도, 개인이 직접 미국의 주식 시장에 접근할 수 있는 환경이 조성되었으므로, 어쩔 수 없다고도 생각합니다.

또한 개별 종목에 대한 투자라는 측면에서, 도쿄증권거래소에 일본 법인으로 상장하고 있는 미국 기업에 투자하는 방법도 있습니다. 대표적으로 '오라클 재팬', '일본 맥도널드'가 있는데, 이들은 일본 법인인 이상 미국 기업이 아닙니다.

이들에 투자하는 것은 일본 기업의 주식에 투자하는 것과 같으며, 미국의 주식 시장에 상장한 기업의 주식에 투자하는 것과 다르다고 생각하는 것이 좋습니다.

그렇게 생각하면, 현시점에서 미국주식에 투자하는 방법으로는 **현지의 주식 시장에 직접 주문을 넣는 방법, 국내에서 설정·운용되고 있는 투자 신탁 혹은 ETF에 투자하는 방법, 이 두 가지가 가장 간단하게 미국주식에 투자하는 방법**이라고 할 수 있습니다.

핵심-위성 전략으로
균형 있는 투자를 하자!

투자 신탁이란 많은 개인으로부터 돈을 모아 펀드를 구성하여 주식이나 채권에 투자하는 구조를 말합니다. 일본 국내의 주식이나 채권, 외국의 주식이나 채권 등에 투자하는 투자 신탁은 현재 일본에 약 6,000개가 운용되고 있으며, 그 가운데 미국주식을 편입하여 운용하는 투자 신탁은 2021년 4월 기준으로 약 200개 정도입니다.

투자 신탁의 좋은 점은 소액의 자금으로 많은 종목을 담은 패키

지로 투자할 수 있다는 점입니다. 예를 들어 한 종목에 집중적으로 투자하는 경우, 그 회사가 도산해버리면 그 시점에 주식은 그저 종잇조각이 될 위험성이 높아집니다.

그러나 투자 신탁은 수십 종목 혹은 100종목 정도의 주식을 조합하여 운용하고 있기 때문에, 그중에 1~2종목이 도산한다고 하더라도 투자한 모든 돈을 잃는 것이 아닙니다.

리스크를 분산하여 안정적으로 자산을 성장해 나가기에는 투자 신탁이 매우 적절합니다.

다만 **꿈을 좇고 있다면 역시 개별 주식에 투자해야 합니다.**

투자 신탁의 경우에는 다양한 종목에 분산하고 있으므로 특정 미국 기업이 엄청나게 성장했다고 하더라도 펀드의 운용 성적에는 아주 조금만 반영됩니다. 그래서 안정적이긴 하지만, **미국의 경제 성장을 마음껏 누리고 싶은 사람은 개별 종목에 투자하는 것을 추천합니다.**

그러나 투자 신탁에도 단점이 있습니다. 바로 운용 자산의 잔액이 지나치게 적어지면, 도중에 상환될 우려가 있다는 것입니다. 2021년 4월 시점에서 운용되는 약 200개의 미국주식 펀드 가운데, 순자산 총액이 50억 엔을 넘는 투자 신탁은 90개입니다.

일반적으로 투자 신탁의 수익권 계좌 수가 30억 개보다 적어지면, 조기 상환되기 쉽습니다. 1계좌=1엔이라고 할 때, 30억 계좌는 30억 엔이 되므로 순자산 총액이 30억 엔을 밑도는 펀드는 대상에서 제외됩니다. 약간 여유롭게 50억 엔 이상의 순자산 총액을 가진 펀드를 선택하는 것이 무난하지만, 앞서 언급한 것처럼 그런 투자 신탁은 90개밖에 존재하지 않습니다. 우선은 그 90개가 투자 신탁으로 미국주식에 투자할 때의 후보라고 할 수 있습니다.

여기에서 제안하고 싶은 방법은 **투자 신탁과 개별 종목의 조합에 따른 투자 방법**입니다. 한마디로 '핵심-위성(core-satellite)'이라고 불리는 이 전략은 비교적 안정적인 자산을 핵심으로 파악함과 동시에, 위성 부분에서 위험을 무릅쓰고 리턴(수익)을 추구하는 투자 전략입니다. 이 핵심 부분에 투자 신탁을 설치하고, 동시에 위성 부분에서 개별 종목에 투자합니다.

그리고 핵심 부분에는 위의 90개의 투자 신탁도 좋고, 최근에는 도쿄증권거래소에 상장된 ETF라는, 미국의 유명한 주가 인덱스에 연동하는 형태도 있습니다. 현재 도쿄증권거래소에 상장된 ETF로는 '뉴욕 다우'와 'S&P 500', '나스닥 100'이라는 미국의 주요 주가 인덱스에 연동하는 것을 목표로 하는 ETF가 운용되고 있으며, 누구나 자유롭게 매매할 수 있습니다.

 ## 미국 맥도널드의 주가는
20년 만에 7배로!

맥도널드는 원래 미국 기업입니다. 그 맥도널드를 눈여겨본 후지타 상점의 창업자 후지타 덴이 미국의 맥도널드 본사로부터 프랜

차이즈 권리를 취득하여 설립한 것이 '일본 맥도널드'입니다.

1971년 도쿄 긴자의 미츠코시 백화점에 1호점을 개점하였으니, 2021년에 딱 50주년을 맞이하였습니다. 일본의 맥도널드는 미국의 맥도널드와 후지타 상점이 절반씩 공동 출자하여 설립된 기업입니다. 햄버거와 같은 상품의 제조와 판매 기술 등은 미국 맥도널드가 제공하지만, 후지타 상점이 회사를 운영하고, 사장 이하 모든 사원을 일본인으로 고용한다는 조건으로 시작한 일본 맥도널드는 거의 순수한 일본 기업이라고 해도 좋습니다.

똑같이 '맥도널드'라는 브랜드를 가진 미국 맥도널드와 일본 맥도널드는 주가에 어떤 차이가 있는지 비교해 봅시다(그림 1-2).

일본 맥도널드는 2001년 7월, 일본의 장외 증권 시장인 당시의

그림 1-2　일본의 '맥도널드' 주가 지수

(참고) '2001년 8월 1일=100'으로 한다.

자스닥 시장에 주식을 상장하였으므로, 그 이후의 주가를 살펴봅시다. 참고로 양국의 주가 모두 배당은 가미하지 않고 있습니다.

먼저 일본 맥도널드의 주가는 상장 직후인 2001년 8월 1일 시점에 3,720엔으로, 2021년 6월 1일 시점의 주가 4,900엔과 비교하면 약 32% 상승하였습니다.

20년이라는 기간을 고려한다면, 예상외로 엄청난 투자 성과를 올린 것은 아닙니다.

그렇다면 미국의 맥도널드는 어떨까요?

2001년 8월 1일 시점의 주가는 30.03달러입니다. 그리고 2021년 6월 1일 시점에 232.42달러가 되었습니다. 지난 20년 동안 주가가 7배 이상 상승한 것입니다.

참고로 2001년 8월 1일의 달러-엔 환율은 1달러=125엔이며, 2021년 6월 1일 환율이 1달러=109.41엔이므로 약간의 환차손이 발생하긴 했지만, 주가가 7배 이상이 되면 그 정도의 환차손을 커버하여 나머지 이익을 얻을 수 있습니다.

다시 말해 2001년 당시 **일본 맥도널드의 시세를 보고 이 주식에 투자하려고 했다면, 차라리 미국 맥도널드에 투자하는 편이 훨씬 높은 이익을 얻을 수 있었던 것입니다.**

이렇게 차이가 발생하는 이유는 무엇일까요?

가장 큰 이유는 **상장 주식 시장(main market)의 장래성**입니다.

미국 맥도널드의 상장 주식 시장은 미국입니다. 앞에서 이미 다루었지만, 미국은 앞으로도 계속해서 인구가 증가할 나라입니다.

인구가 증가하면 소비도 늘어나므로, 자연스레 매출 상승과 이익 상승으로 이어집니다.

또 미국 맥도널드는 전 세계의 현지 파트너와 합작 등을 전개하면서 해외에도 진출하고 있습니다.

그에 비해 일본 맥도널드의 거점은 일본 내의 직영점과 프랜차이즈 점포의 전개로 한정됩니다.

다시 말해 미국 맥도널드는 앞으로도 인구가 증가할 미국 내에서 업무를 확장할 뿐만 아니라, 해외 진출을 통해 세계적으로 매출을 확보할 수 있습니다. 반면에 일본 맥도널드는 일본 국내에만 시장이 한정되어 있기 때문에 앞으로 일본의 인구 감소를 고려한다면 일본 맥도널드의 장래성은 조금 어둡다고 생각됩니다. 이 차이는 어쩔 수 없을 것입니다.

미국 맥도널드의 또 다른 강점은 **신흥국의 인구 증가**에 있습니다. 미국 이외의 선진국에서는 젊은 나이의 인구가 갈수록 점점 줄어들기 때문에, 앞으로 시장의 확대는 신흥국에서 기대할 수 있습니다.

그렇다고 하더라도 신흥국은 선진국에 비해 국민의 1인당 소득 수준이 낮기 때문에 맥도널드는 사치품과도 같습니다. 따라서 처음에는 맥도널드에서 식사하는 사람은 부유한 사람들로 제한되지만, 신흥국 경제가 점차 성장하고, 1인당 소득 수준이 향상되면 더 많은 사람이 맥도널드에서 식사하게 될 것입니다.

이와 같은 현상은 코카콜라에도 적용할 수 있습니다.

코카콜라 또한 신흥국 사람들에게는 아직 사치품일 수 있습니다. 프리미엄 브랜드인 것입니다. 하지만 점점 생활 수준이 향상되고, 중간층이 증가함에 따라 더 많은 사람이 일상에서 코카콜라를 마시게 됩니다. 이와 같은 현상이 맥도널드에도 일어날 가능성이 있는 것입니다.

이같이 생각하면 미국 맥도널드의 주가가 일본 맥도널드의 주가보다 더 크게 가격이 상상하는 것은 어쩌면 당연하다고 할 수 있습니다. 그리고 **이러한 경향은, 일본은 인구가 본격적으로 감소하는 반면, 미국과 세계의 인구는 증가를 가속화하는 상황 속에서 한층 더 뚜렷해지고 있는 것**입니다.

제**2**장

저자가 말하는 '투자의 비법'

트레이더가 바로 나의 출발점

저는 저의 경력을 거액의 리스크를 무릅쓰고 투자하는 투자 은행에서 시작하였습니다. 지금은 없어진 '살로먼 브라더스'라는 미국의 투자 은행입니다. 입사할 당시 '월스트리트의 왕(king of wall street)'이라고 불리던 살로먼 브라더스에는 그야말로 내로라하는 사람들이 많았습니다.

저는 제일 처음에 채권부에 배치되었습니다. 채권부는 주로 미국 국채의 매매를 중개하는 부서입니다. 간단히 말하면 '채권 시장에서 미국 국채 등을 훌륭히 매수하거나 매도하여 이익을 올리는 것'이 채권부에 소속된 부원에게 주어지는 임무입니다.

이처럼 특정 자산을 매수·매도하여 이익을 얻는 것을 **트레이딩**이라고 합니다. 물론 저도 처음부터 트레이딩을 맡은 것은 아닙니다. 원래는 고객의 주문을 담담히 시장에 묶어두는 일을 하였습니다. 구체적으로, 미국 국채를 원하는 고객이 있으면, 채권 시장에서 미국 국채를 사서 고객에게 판매하는 일입니다. 이때 제가 채권 시장에서 사들인 가격보다 높은 가격으로 고객에게 판매하면, 그 차액이 이익이 됩니다.

저는 이처럼 고객의 주문을 채권 시장으로 연결하는 중개(broking) 업무를 주로 진행하였습니다. 그곳에서는 100억 엔 단위의 돈이 움직였는데, 기본적으로 고객의 주문을 시장과 연결하는 것뿐이므로, 은행으로서는 그렇게 큰 리스크를 감수해야 하는 일은 아니었습니다.

이와 같은 중개 업무에 어느 정도 익숙해지면, 드디어 트레이딩 업무를 맡게 됩니다. 트레이딩에서는 은행의 자기 자금 운용이 주요 업무가 됩니다. 다시 말해 살로먼 브라더스의 자기 자금으로 채권을 매수·매도하여 이익을 창출하는 업무입니다. 이는 중개 업무에 비해 확실히 리스크가 존재합니다. 무엇보다 자기 판단으로 채권을 매매하여 시장에서 이익을 창출하는 것이므로, 직접 매수자와 매도자를 찾아야 할 필요가 있습니다.

채권 시장에서는 다양한 채권이 그때그때의 가격으로 책정되어 매수·매도됩니다. 주식과 마찬가지로 고가를 찍은 이후에 채권 가격이 크게 떨어지면서 막대한 손실이 발생하는 경우도 당연히 일어날 수 있습니다. 그 가운데 **얼마나 손실을 최소한으로 막을 수 있고, 일정한 이익을 창출할 수 있는가, 그것이 채권 시장에서 트레이더의 업무입니다. 이런 트레이더라는 직업이 바로 제 경력의 출발점입니다.**

이후 저는 골드만삭스라는, 역시 미국의 투자 은행에 이적하였습니다. 그리고 파트너라고 불리는 경영진의 자리에 있다가 골드만삭스를 퇴직하고 모넥스증권을 설립하였습니다.

생각해 보면 벌써 30년 이상 경영자의 위치에서 일하고 있는데, 역시 저에게는 트레이더의 피가 가장 진하게 흐르고 있다고 생각합니다.

언젠가 저의 경력을 마무리할 즈음에는 한 명의 트레이더로 남고 싶은 것이 저의 바람입니다. 할 수 있다면 모넥스증권을 그만두고, 모넥스증권의 계좌를 만들어 온종일 트레이드를 하며 보내고 싶다고 생각한 적도 있습니다.

저는 그 정도로 트레이딩을 좋아합니다. 만약 제가 트레이딩으로 손실만 입었다면, 그것은 단순히 하수의 근거 없는 애정이며, 소중한 자산만 탕진시킬 뿐입니다. 역시 시장에 참가하는 이상, 이겨야만 하는 것입니다.

그러기 위해서는 어떻게 해야 할까요?

살로먼 브라더스의 채권부에서 트레이딩을 시작했을 무렵, 선배에게 OJT 방식으로 다양한 교육을 철저하게 받았습니다. 그때 제가 무엇을 배웠는지 살짝 알려드리겠습니다.

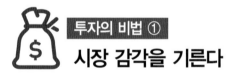

투자의 비법 ①
시장 감각을 기른다

리스크 자산의 '리스크'에 대해, 대부분 사람은 '원금이 감소하는 리스크'를 가장 먼저 떠올릴 것입니다.

이는 절대 틀린 말은 아닙니다. 하지만 리스크의 엄밀한 의미를 따지자면, **'불확실성'**이라는 표현이 가장 알맞을 것입니다.

그 안에는 물론 가격의 불확실성도 포함됩니다. 미래에 가격이 오를지도 모르지만, 떨어질 위험도 있다는 것이 바로 가격의 불확실성입니다.

또 신용도의 불확실성도 있을 것입니다. 이는 빌려준 돈이 미래에 금리가 붙어 제대로 상환될지도 모르지만, 돌려받지 못하고 공중 분해될지도 모르는 리스크를 의미합니다.

이처럼 자산 운용의 리스크는 사실 종류가 매우 다양합니다. 이러한 여러 리스크 가운데 **많은 사람이 확실히 가격의 불확실성**을 제일 걱정할 것입니다. 그래서 사람들이 자산 운용에 발을 들이지 않는 것일지도 모릅니다.

그러므로 우선 **'가격의 불확실성에 대한 불안을 극복하는 방법'**에 관한 이야기부터 시작해 봅시다.

투자 은행이라는 곳은 매우 큰 위험을 감수하면서 막대한 수익을 추구하도록 일을 하고 있습니다.

하지만 그렇다고 해도, 완전 신입 트레이더에게 뜬금없이 억 단위의 돈을 주고 마음대로 거래해 보라며 무모하게 리스크를 무릅쓰는 일은 하지 않습니다. 이는 개인의 자산 운용에도 해당하는 이야기지만, 정확하게 계산할 수 있는 범위 내에서 리스크를 감당하는 '리스크 계산'이 핵심입니다. 위험성을 숙지하고 있는 투자 은행이 예측 불가능한 신입 트레이더에게 소중한 자기 자금을 주며 운용시키는 그런 도박은 하지 않습니다.

당연히 트레이더로서 업무에 투입되기 전, 일정한 연수 기간을 거칩니다.

그 기간에는 오직 **'스프레드시트'**를 작성하는 방법을 연수받았습니다. 이는 매우 중요한 내용입니다.

우선 대학 노트 한 권을 준비합니다.

그리고 노트를 열고 세로선을 그려 넣습니다.

노트에 이미 가로선이 있으므로, 직접 세로선을 그리면 작은 칸이 많이 만들어집니다.

세로축에는 종목, 가로축에는 날짜를 기재합니다. 종목 부분에는, 예를 들어 '뉴욕 다우', 'S&P 500', '미국 10년 국채 금리', '달러-엔 환율', '유로-달러 환율', 'WTI(원유 가격)' 등 시장에서 거래되는 지표들을 넣습니다. 그리고 가로축에는 날짜를 연달아 적습니다.

그다음은 간단합니다.

매일 그날의 장이 마감되면, 각 종목의 종가를 연필로 써넣기만 하면 됩니다. 그리고 종가 아래에 전일 대비 상승·감소율도 빼먹지 않고 작성합니다(그림 2-1).

'설마 이게 끝?'이라고 생각하는 사람도 있을 것입니다.

그러나 이 과정을 계속해서 반복한다면, 시장에서 살아남을 수 있는 감각이 눈에 띄게 발달할 것입니다.

어쨌든 매일 그 숫자를 보고 있으므로, 사소한 숫자의 변화가 있으면 바로 알아차릴 수 있습니다. 어느 날 갑자기 원유 가격이

그림 2-1   매일매일 노트에 이렇게 기입해 보자!

	2021/07/12	2021/07/13	2021/07/14	2021/07/15	2021/07/16
뉴욕 다우	34,996.18 +0.36%	34,888.79 −0.31%	34,933.23 +0.13%	34,987.02 +0.15%	34,687.85 −0.86%
S&P 500	4,384.63 +0.35%	4,369.21 −0.35%	4,374.30 +0.12%	4,360.03 −0.33%	4,327.16 −0.75%
미국 10년 국채 금리	1.368 +0.36%	1.418 +3.69%	1.349 −4.87%	1.301 −3.60%	1.300 0.00%
달러-엔 환율	110.35 +0.19%	110.61 +0.24%	109.99 −0.56%	109.86 −0.12%	110.08 +0.20%
유로-달러 환율	1.1859 −0.12%	1.1774 −0.72%	1.1835 +0.52%	1.1812 −0.19%	1.1805 −0.06%
WTI (원유 가격)	74.10 −0.62%	75.25 +1.55%	73.13 −2.82%	71.65 −2.02%	71.81 +0.22%

	2021/07/17	2021/07/18	2021/07/19	2021/07/20	2021/07/21
뉴욕 다우			33,963.29 −2.09%	34,511.86 +1.62%	34,797.74 +0.83%
S&P 500			4,258.63 −1.58%	4,323.21 +1.52%	4,358.69 +0.82%
미국 10년 국채 금리		1.269 −2.44%	1.199 −5.51%	1.222 +1.93%	1.292 +5.72%
달러-엔 환율			109.44 −0.58%	109.84 +0.37%	110.27 +0.39%
유로-달러 환율			1.1798 −0.06%	1.1779 0.16%	1.1792 +0.11%
WTI (원유 가격)			66.42 −7.51%	67.42 +1.51%	70.30 +4.27%

확 뛰었다면, 거기에는 반드시 이유가 있을 것입니다. 이러한 가격 변동에 민감하게 반응할 수 있게 되면, 다음 단계로 그 이유를 고민하는 습관을 몸에 익히도록 합시다.

이를 날마다 반복한다면, **누구든지 몰라볼 정도로 시장 감각이 높아질 것이며, '가격의 불확실성'에 대한 대응력을 향상할 수 있습니다.**

'가격의 불확실성에 대한 불안을 극복하는 방법'을 정리하면, 다음 두 가지가 전부입니다.

- **매일 각 종목의 종가와 전일 대비 증감률을 노트에 작성한다.**
- **가격 변동의 '변화'를 알아차렸다면, 그 이유에 대해 고민한다.**

노트에 작성은 매우 간단하므로 이를 매일매일 꾸준히 실행하는 것이 중요합니다.

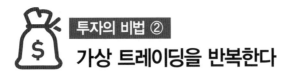

투자의 비법 ②
가상 트레이딩을 반복한다

다음으로 '주식 투자의 감각을 키우는 방법'에 대해 소개하겠습니다. 그 방법은 바로 스스로 **가상 트레이딩을 시행하는 것**입니다.

'주식 투자의 감각을 키우기' 위한 가상 트레이딩의 방법은 다음과 같습니다.

①지금부터 1개월 동안 예상되는 경제 환경의 변화를 생각한다(이
에 대해 시장 전체를 관찰한 스프레드시트를 참고한다).
②예상한 경제 환경의 변화 속에서 자신이 주목하는 몇 가지 종목
을 선정한다.
③1주일에 한 번 정도 그 종목의 주가를 확인한다.
④1개월이 지난 시점에서, 자신이 예상한 경제 환경의 변화와 그를
바탕으로 선정한 종목의 주가가 어떻게 변화하였는지 돌이켜보
고, 왜 그렇게 되었는지 원인도 함께 고민한다.

그리고 이 과정을 6개월 정도 꾸준히 반복해보기를 바랍니다.
그러면 틀림없이 주식 투자에 관한 감각이 발달하고, 주식 투자의
실력이 현격히 향상될 것입니다.

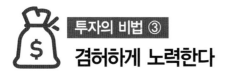

투자의 비법 ③
겸허하게 노력한다

저는 지금까지 수많은 트레이더를 봐 왔습니다. 성공한 트레이
더, 부득이하게 시장으로부터 퇴출당한 트레이더입니다. 그야말로
희비가 엇갈립니다.

그중 **성공하지 않은 트레이더에게는 공통으로 '손해를 보면 시장을 탓하는 경향'이 나타납니다.**

그런 사람이 종종 있습니다. '내가 틀린 것이 아니라, 시장이 틀린 거야'라고 말하는 사람입니다. 트레이더 중에는 그런 사람들이 의외로 많습니다.

그러나 그렇게 말하면 더이상 물러날 곳이 없습니다. 시장은 매우 많은 참가자가 모여, 그들에 의해 일종의 다수결로 가격이 형성됩니다. 시장이 잘못됐다고 생각하는 사람은 극단적으로 말하면, 민주주의 세계에서 독재 정권의 우수성을 선전하는 것과 똑같습니다. 그와 같은 논리가 허용될 리 없습니다.

따라서 트레이더는 항상 **'시장은 언제나 옳다'**라는 사실을 받아들일 필요가 있습니다.

이는 **'언제나 겸허하라'**라고도 바꾸어 표현할 수도 있는데, 실제로 우수한 트레이더는 항상 겸허합니다.

그리고 겸허한 사람은 노력합니다. 이것이 포인트입니다.

얼핏 보면 트레이더는 왠지 그때그때의 촉이나 감으로 매수·매도를 반복하는 것처럼 보이지만, 그것만으로는 결코 오래 살아남지 못합니다.

사전 준비가 중요하다는 요리처럼, **성공한 트레이더일수록 실제로 트레이딩을 하기 전, 더 철저하게 사전 준비를 합니다.** 현재 자신이 보유하고 있는 포지션을 자세히 조사하고, 시장 내외의 다양한 정보를 모아 분석한 다음, 무엇을 팔고, 무엇을 살 것인지 전략을

세우는 것입니다.

이처럼 **매매를 결정하기 위한 준비에 시간을 투자할수록 트레이드에서 성공할 확률이 높아집니다.**

예를 들어 야구의 뛰어난 타자를 생각해 봅시다. 2021년 7월, LA 에인절스의 오타니 쇼헤이 선수는 MLB 올스타 게임에서 메이저리그 역사상 최초로 투수와 타자를 겸업하는 투타겸업 선수로 출장하였습니다. 그는 투구 연습뿐만 아니라, 몇십만 회, 몇백만 회의 타격 연습을 반복하고 있을 것입니다. 그렇게 평상시에 준비를 탄탄하게 쌓아나갔기 때문에, 타자석에 올라 스트라이크 볼이 왔을 때 깔끔하게 홈런을 칠 수 있던 것입니다. 결코 촉이나 감만으로 야구 방망이를 휘두르지 않을 것입니다.

인간은 자신이 가지고 있는 기능을 꾸준하게 사용하지 않으면, 서서히 퇴화한다고 합니다. 근육도 그렇고, 두뇌도 마찬가지입니다. 언제나 정보를 수집하고, 무언가 새로운 투자 아이디어는 없는지 계속 생각하고 고민하면서 두뇌를 사용해야 그 성능이 점점 향상됩니다.

어쨌든 무엇을 하든지 **일단은 양적으로 소화할 것입니다.**

흔히 '양(量)은 질(質)로 바뀐다'라고도 하는데, 저는 이 말에 매우 동의합니다. 평소에도 투자 아이디어를 진지하게 고민하고, 실제로 시장에서 그 아이디어가 통용되는지를 시험하는 과정의 반복이 트레이드를 성공으로 이끄는 것입니다.

이러한 노력을 할 수 있는 사람은 틀림없이 겸허한 사람입니다.

게다가 강한 호기심도 갖고 있습니다. 결국 호기심이 있기 때문에 트레이드에 필요한 사전 준비 등의 단조로운 작업도 꾸준히 계속할 수 있는 것입니다.

투자의 비법 ④
운을 아군으로 끌어들인다

트레이드에는 운도 필요합니다. 운이 좋은 사람인 것보다 더 좋은 것은 없습니다.

대부분 '운 좋은 사람이 될 수 있는지는 알 수 없다'라고 생각할 것입니다. 그런 사람은 아마 운이 높은 우연성에 의해 만들어진다고 생각하고 있지 않을까요?

하지만 저는 **그 의견에 동의하지 않습니다.**

'운이 좋다'라고 하면, 예를 들어 이런 상황을 떠올릴 수 있습니다.

개별 주식 5종목에 분산 투자하고 있습니다. 시장은 엄청난 파란을 겪고 있으며, 거의 전면 가격이 하락하는 상황입니다. 보유하고 있는 5종목 모두 손실을 본 상태이며, 이러한 상황에 엎친 데 덮친 격으로 나쁜 소식이 들려옵니다. 부모님이 병에 걸려 갑자기 입원비가 필요해진 것입니다. 병원비를 마련하기 위해서는 자신이 보유하고 있는 종목을 매각해야만 합니다. 그런데 앞에서 서술한 것처럼 5종목은 모두 가격 하락으로 손실의 가능성을 보이고 있습니다.

더이상 가망이 없습니다….

그때 보유하고 있는 종목 중 하나를 크게 매도할 수 있는 재료가 나왔습니다. 결국 그 종목의 주가 상승만으로, 다른 종목에서 끌어안고 있던 손실 가능성을 모두 보완하고, 심지어 매각 이익을 받을 수 있었습니다. 정말로 행운이었습니다.

많은 사람은 이를 두고 운 좋은 상황이라고 느끼겠지만, 저는 이러한 상황을 정말 행운이라고 여기는 사람에게는 투자의 운이 절대 따라오지 않으리라 생각합니다.

물론 보유하고 있던 종목의 주가가 뜬금없이 10배, 20배까지 오르는 경우도 있을 수 있습니다. 하지만 아무 생각 없이 그냥 구매한 종목에서 똑같은 일이 일어날 가능성은 거의 없다고 해도 좋습니다. 종목을 선택하는 최종 단계에서 기업에 대한 철저한 조사 등 사전 준비를 했기에, 주가가 10배, 20배로 상승하는 종목을 가질 수 있었던 것입니다.

운은 우연성이 아닌, 지극히 필연성이 높은 것입니다.

그렇다면 운을 유지하기 위해서는 어떻게 해야 할까요?

제 친구의 경험을 바탕으로 아주 작은 사례를 하나 소개해 보겠습니다.

　미국 대학교에 다니던 제 친구는 얼마 전 잠시 일본에 들어왔습니다. 그리고 다시 대학으로 돌아갔는데, 비행기에서 내려 자신의 수화물이 나오기를 기다렸지만, 아무리 기다려도 나오지 않았다고 합니다. 그의 수화물이 다른 공항으로 가버린 것입니다.

　어쩔 수 없이 그는 공항에 주차한 자신의 차를 끌고 대학교 기숙사로 돌아가야만 했습니다. 이동하던 중에는 차의 라이트 한쪽이 고장이 나 불이 들어오지 않았습니다. 그래도 그냥 차를 몰았는데, 아니나 다를까 경찰이 차를 멈춰 세웠다고 합니다. 그러고는 경찰이 운전 면허증과 비자 제시를 요구했습니다.

　'비자, 비자. 비자?'

　그렇습니다. 그는 하필 학생 비자를 다른 공항에 도착해버린 여행 가방 안에 넣어둔 것입니다. 만약 학생 비자를 소지하고 있었다면 신원 조회도 가능하고, 일을 크게 만들지 않고 해결됐겠지만, 학생 비자가 없었던 탓에 신원 증명 등에 시간이 걸려 뜻하지 않게 힘든 상황에 빠지고 말았습니다.

　이야기를 마치며, 그는 운이 좋지 않았다고 중얼거렸지만, 저는 '그렇지 않다'라고 대답했습니다.

　그건 운이 나쁜 게 아니라, **리스크를 관리하지 못했을 뿐** 아니냐고 말이지요. 애초에 학생 비자를 기내 수화물에 넣지 않고, 위탁 수화물 안에 넣어 두었다는 것 자체가 리스크 관리를 못한 것입니다.

　그렇습니다. **운이란, 리스크를 확실히 관리하지 않으면 달아나버**

리는 존재입니다. 따라서 운을 유지하고 싶다면 우선 확실하게 리스크를 관리해야 한다는 것을 잊지 않기를 바랍니다.

다음으로 **운이 좋지 않은 사람과는 깊은 관계를 맺지 말 것입니다**. 조지 소로스와 같은 거대 투자자는 약 10~20명 정도가 소속된 커뮤니티가 있으며, 그 안에서 정보를 교환한다고 합니다.

그 커뮤니티에 들어갈 수 있는 자격은 단 하나, '운이 좋은 사람'입니다. 반대로 커뮤니티에 들어가 있더라도 운이 다한 사람은 어쩔 수 없이 커뮤니티에서 나와야 한다고 합니다. **운이 좋은 사람은 역시 비슷하게 운이 좋은 사람과 관계를 맺는 것입니다.**

그리고 마지막으로 앞의 오타니 선수의 사례는 아니지만, 언제 절호의 공이 와도 대응할 수 있도록 평소에 확실히 연습할 것입니다. 이는 비즈니스나 투자 또한 마찬가지로 **절호의 기회를 확실히 잡기 위해서는 평상시의 단련이 그를 증명할 것입니다.**

- 리스크를 철저하게 관리한다.
- 운이 좋은 사람을 사귄다.
- 평소에 자기 단련도 잊지 않는다.

이를 실천한다면 운을 유지하고, 또 통제할 수 있을 것입니다. 그리고 이것은 투자하는 데 절대로 필요한 조건 중 하나이기도 합니다.

투자의 비법 ⑤
자신이 잘하는 분야에서 승부한다

특히 주식에 투자하는 경우, 가능한 자신이 제일 잘하는 분야에서 승부하는 것이 좋습니다.

앞에서 서술한 것처럼 저는 채권 시장에서 트레이드의 세계에 데뷔하였습니다.

채권 시장, 특히 미국 국채 시장은 날마다 엄청난 금액의 거래가 이루어집니다. 고객의 주문을 시장에 연결하는 신인 시절의 업무도, 한 번의 트레이딩에서 100억 엔 단위의 돈을 움직입니다. 굉장히 큰 금액의 매수와 매도가 이루어지고 있기 때문에, 가지고 있는 포지션을 급하게 매도해야만 하는 상황에 직면해도 간단히 현금화할 수 있습니다. 그것도 팔고 싶다고 생각했을 때, 시장에는 많은 구매자가 있으므로 자신의 매각으로 가격을 크게 붕괴시킬 리스크도 없습니다. 어떤 의미에서는 매우 안정적인 시장인 것입니다.

그리고 가격 변동이 중요한데, 채권 시장은 경기 상황에 굉장히 민감하게 반응합니다. 다시 말해 앞으로 경기가 호전될 가능성이 크면 채권 가격은 하락하고, 경기가 악화될 조짐이 보이면 채권 가격은 상승합니다. 분명 경기가 회복하고 있는데도 채권 가격이 계속 상승하는 일은 없습니다.

그래서 채권의 트레이딩 업무를 맡고 있었을 때, 저는 오직 '앞으로 경기가 어떻게 될 것인가'라는 정보를 최대한 많이 얻으려고 노력하였습니다.

예를 들어 택시를 탔을 때 등이 기회입니다. 택시 기사에게 최근 고객의 수는 어떤지, 택시에 타는 고객에게 경기가 좋다는 (혹은 나쁘다는) 이야기를 하지 않았는지 등을 질문하는 것입니다.

신문이나 잡지, 보고서 등의 글도 물론 읽지만, 동시에 현장에서 체감하는 경기도 중요하게 생각하는 것입니다. 요즘으로 말하자면 정부에서 발표하는 '경기 워처 조사(일본에서 택시 기사나 편의점 점장 등 지역의 경기 동향을 관찰할 수 있는 사람들의 의견을 수렴해 수치화한 조사)'를 먼저 시행한 셈입니다.

이러한 채권 시장의 특성이 저와 **상성(相性)이 잘 맞았기 때문에, 채권의 트레이딩이 저의 특기 분야라고 말할 수 있게 되었습니다.**

그런데 주식 투자는 채권과는 또 상황이 다릅니다.

일단 시장의 규모입니다. 주식 시장에서 날마다 이루어지는 거래는 채권 시장과 비교도 되지 않을 정도로 작은 것이 현실입니다. 게다가 일본의 주식 시장에는 3,800사 이상의 상장 기업이 거래되고 있어, 종목에 따라서는 하루 종일 거의 거래가 이루어지지 않는 경우도 있습니다.

이와 같은 종목을 매수하거나 매도할 때, 자신의 매매 주문으로 가격이 움직이는 사례도 있습니다.

또한 주가는 경기에 따라 충실하게 움직이지 않는 경우가 있습니다. 이론적으로는 경기가 호전되면 기업 업적이 좋아지므로 주가도 상승해야 하지만, 이때 개별 종목의 독자적인 요인이 얽혀있기 때문에 경기와는 정반대로 움직일 때도 있습니다.

이런 경우, 자신이 보유하고 있는 정보가 1차 정보(first-hand)인지, 아니면 2차 정보(second-hand)인지에 따라 상황은 크게 달라집니다. 1차 정보를 알고 있는 사람이 매수하면 이미 그 종목의 주가는 상승하기 때문에, 그로부터의 상승 여지는 한정되고 맙니다.

따라서 주식 투자의 경우에는 자신이 가지고 있는 정보나 아이디어가 자신 외의 많은 사람이 획득한 정보보다 빠른지, 아닌지의 여부가 승패의 갈림길이 됩니다.

이런 면에서 주식 시장은 채권 시장과는 꽤 특성이 다르다는 것을 알 수 있습니다.

게다가 일본이나 미국의 주식 시장에는 매우 많은 종목이 상장되어 있습니다. 그 하나하나에 대해 다른 누구보다 선도(鮮度) 높은 정보를 입수하기란 불가능합니다.

그러므로 **주식에 투자할 때의 정보 수집은 자신이 잘하는 분야를 정하고, 그 분야에 집중하여 승부하는 것을 추천합니다.** 하나의 섹터도 괜찮고, 개별 기업이라도 좋습니다. 게임을 좋아하는 사람은 게임 업계 혹은 그 개별 기업의 정보를 구체적으로 알고 있으며, 전혀 관심이 없는 업계에 비해 정보를 수집하려는 호기심도 느끼고 있습니다. 결과적으로 그러한 자세가 주식 투자에 있어 긍정적으로 작용하는 경우가 많습니다.

미국 기업의 업종은 다방면으로 걸쳐있으므로 자신이 흥미로운 분야의 기업을 반드시 찾을 수 있습니다. 우선 이런 관점에서 미국 기업을 선택하는 것도 하나의 재미가 되지 않을까요?

투자의 비법 ⑥
알 수 없게 되었다면 하차한다

다음 투자의 비법은 '출구 전략'에 관한 내용입니다. 매우 중요한 내용이므로 확실하게 기억해두기를 바랍니다.

매수한 종목은 매도하지 않으면 이익이 되지 않습니다. 개인 투자자들 사이에서는 아직 이익을 확정하지 않았음에도 수익을 벌어들인 기분을 내는 경우를 종종 볼 수 있습니다.

예를 들어 100만 엔을 투자하여 매수한 종목이 300만 엔이 되었지만, 아직 매각하지는 않았습니다. 분명 200만 엔만큼 가격이 상승하였지만, 아직 실현되지 않은 이익입니다. 이것을 '미실현 이익'이라고 합니다.

많은 개인 투자자는 미실현 이익의 단계에서 왠지 자신이 크게 이익을 거둔 느낌을 받겠지만, 주식을 매각하여 수익을 확정하지 않으면 진정한 의미에서 이익을 얻었다고는 말할 수 없습니다.

미실현 이익이 사라지는 것은 순식간입니다.

실제로 1980년대 후반에 일어난 거품 시세에서는 모든 사람이 일본주식이 계속 오를 것이라고 믿었으며, 시대가 90년대로 넘어갔을 때도 주식을 그대로 보유하고 있는 사람이 매우 많았습니다. 그 결과, 어떻게 되었나요? 주가가 폭락하면서 모두 미실현 이익이 증발해버렸을 뿐만 아니라, 자신의 매수 가격보다 내려가는 가격 하락이 덮쳐오며 엄청난 손실을 본 사람이 다수 출현하였습니다.

주식 시장은 본격적인 폭락이 시작되면 팔아도 팔리지 않는 상황에 빠지게 되는 경우가 있습니다. 그러면 주가는 구매자가 없는 상태로 점점 가격이 하락하는데, 최악의 시나리오로 그대로 시장에서 강제 퇴장당하는 경우도 생각할 수 있습니다.

그렇다고 하더라도 이익의 확정만큼 어려운 것은 없습니다. 시세를 '욕망과 공포의 게임'이라고 부르는 것처럼, 가격이 상승하여 자신의 미실현 이익이 점점 부풀어 오르면, 욕망이 비집고 나와 가격이 더 오를 것이라는 생각에 빠지고 맙니다. 그 결과, 이익을 확정할 타이밍을 놓치게 되는 것입니다.

이와 같은 사태에 직면하지 않기 위해서는 **투자할 때 자신만의 이유를 확실하게 갖는 것**이 중요합니다. 그 종목을 선택한 이유를 확고히 한 다음, 투자해야 합니다.

그리고 **자신이 생각한 이론에 맞지 않는 수준까지 주가가 오른 경우에는 가능한 한 빠르게 매각하여 이익을 확정**해야 합니다. 시세의 소용돌이 안에 있으면 자신도 모르게 열기에 휘말리기 쉬운데, 바로 그것이 실패의 원인이 됩니다.

제가 지금까지 봐 온 많은 트레이더 가운데, 훌륭한 트레이더들은 '자신의 이해를 뛰어넘을 때 시세에서 내려오는' 타이밍이 절묘했습니다.

앞으로 미국주식에 투자하려는 여러분에게, 어쨌든 **'알 수 없게 되었다면 하차하라'**라고 전해주고 싶습니다.

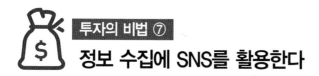

투자의 비법 ⑦
정보 수집에 SNS를 활용한다

이번 장의 마지막으로 미국주식 투자에 필요한 정보를 수집하는 방법에 관해 간단하게 다루려고 합니다.

모넥스증권에서도 미국주식의 투자 정보에 꽤 충실을 기하고 있습니다. 그에 대해서는 마지막에 자세하게 설명하도록 하고, 지금부터 제가 꽤 빈번하게 사용하고 있는 미디어를 소개하겠습니다. 아마 여러분에게도 꽤 친숙한 미디어일 것입니다.

서두에서도 다루었지만, 이 책의 초판은 2013년에 발간되었습니다. 당시에는 사실 아직 개인 투자자 사이에서 미국주식 투자가 그렇게 유행하지 않았고, 모넥스증권에서도 하루에 거래하는 양이 아마 100건 전후였을 것입니다.

그런데 지금은 모넥스증권에서 시행하는 거래의 20%가 미국주식 투자입니다. 격세지감이 느껴질 정도입니다. 그만큼 약 8년 동안 개인 투자자 사이에 미국주식 투자에 대한 인식이 커졌다고 할 수 있습니다.

그렇게 인식이 확장된 이유는 아마 우리와 같은 증권사가 미국 주식 투자의 매력을 열심히 전파했기 때문이 아니라, **SNS를 통해 자연 발생적으로 인식이 확산되었다**고 말하는 것이 솔직한 답변입니다.

그중에서도 특히 **트위터**입니다. 이미 여러분도 알고 있듯 트위터는 실시간으로 짧은 문장에 정보를 담아 전할 수 있는 미디어입니다.

왠지 최근 미국주식 투자라는 표현이 빈번하게 들린다고 생각한 개인 투자자가 미국주식에 관한 소식들을 확인하면서 미국주식 투자가 꽤 괜찮아 보인다는 점을 깨달은 것이 아닐까요?

이는 일본에만 한정된 이야기가 아니라, 미국에서도 같은 현상이 나타나고 있습니다.

2021년 1월 미국에서 '게임스탑(Game Stop)'이라는 회사의 주식을 둘러싼 아주 약간의 소동이 일어났습니다. 게임스탑은 미국 텍사스에 본사를 두고 있는 게임 소프트 기업입니다. 이 기업의 주식을 두고 개인 투자자와 헤지 펀드 사이에 치열한 갈등이 전개된 것입니다.

이 소동의 시작은 '레딧(Reddit)'이라 불리는 SNS였습니다. 레딧에 '게임스탑의 주식을 사면 재미난 일이 벌어질 것이다'라는 정보가 게시된 것입니다. 이때 한편에서는 헤지 펀드 등의 기관 투자자가 게임스탑의 주식을 공매도하고 있었습니다. 공매도란, 주식을 빌려와 매각하고, 주가가 크게 하락할 때 다시 매수하여 그 차액을 이익으로 하는 거래를 의미합니다.

당연한 말이지만 공매도에도 리스크가 존재합니다. 주가가 상승하면 공매도하고 있는 투자자는 손실이 커지므로, 일정한 단계에서 손절을 위한 환매해야 할 필요가 있습니다. 이것이 주식의 매수를 부르고, 나아가 주가가 상승하면서 미실현 손실이 점점 커지는 것입니다.

레딧에 게시된 정보를 근거로, 주로 밀레니엄 세대의 개인 투자자가 일제히 게임스탑 주식을 매수하기 시작했습니다. 그러면서 게임스탑 주식을 공매도하고 있는 기관 투자자와 힘겨루기를 시작한 것입니다.

결과적으로 이 상황이 미디어에 알려지고 다른 개인 투자자도 게임스탑 주식을 매수하기 시작하면서 게임스탑의 주가는 계속 급등하였습니다. 그로 인해 공매도를 하던 기관 투자자는 손실을 확정하기 위해 게임스탑 주식을 환매해야만 했기에 주가는 더욱 치솟게 되었습니다.

사실 당시 모넥스증권에서 다루고 있는 미국주식 가운데, 매매대금이 가장 많았던 종목이 바로 게임스탑이었습니다.

정말 엄청난 일이 일어났다고 생각했습니다. 게임스탑 주식을 둘러싼 개인 투자자와 기관 투자자의 갈등의 옳고 그름은 둘째치고, **일본도 미국 투자자와 같은 환경에서 주식을 매매할 수 있게 되었**

다는 것에 놀랐습니다.

이때 일본의 개인 투자자 사이에서 게임스탑 주식에 무언가 재미난 움직임이 보인다는 이야기가 가장 먼저 확산된 계기가 바로 트위터였습니다.

이 하나의 사건 때문은 아니지만, 저는 예전부터 트위터를 애용하고 있습니다. 예를 들어 월스트리트저널을 읽을 때도 웹사이트에서 읽는 것이 아니라, 월스트리트저널의 트위터를 팔로우하여, 거기에서 제공하는 정보를 먼저 확인한 다음, 흥미로운 내용이 있으면 다시 웹사이트를 방문하여 자세하게 읽고 있습니다.

다만 한 가지 주의할 점이 있습니다. **트위터에서는 보수, 진보, 중도 성향의 미디어를 적절하게 혼합하여 팔로우해야 한다는 점입**니다. 저의 경우에는 중도 성향의 미디어를 3사, 그리고 보수와 진보 성향의 미디어를 각각 2사씩 팔로우하고 있습니다. 이처럼 미디어에 균형을 맞추는 이유는 자기 생각이 한쪽으로 치우치지 않도록 하기 위해서입니다. 중도 성향의 뉴스 가운데 제가 주목하고 있는 미디어는 '악시오스(AXIOS)'라는 미국의 신흥 미디어입니다. 글을 매우 짧고 간결한 문장으로 올리기 때문에 쉽게 읽힌다는 특징이 있습니다. 영어를 읽지 못해도 자동으로 번역해주어 약간 어색하게 읽히는 경우도 있지만, 의미는 충분히 전달됩니다. 관심이 있는 사람은 한 번 확인해보기를 바랍니다. 구글 등에서 '악시오스'를 검색하면 쉽게 찾을 수 있습니다.

제3장

엔화 약세로부터 자산을 지키다

'사적 연금'이
필요한 시대로

앞으로는 공적 연금뿐만이 아니라 **자신의 미래를 위한 자금을 스스로 준비해야 할 필요**가 있습니다. 특히 지금의 20~30대 사람들은 국민연금 등의 공적 연금에만 의지한다면, 아마도 매우 힘들어질 것입니다.

요컨대 **'자신이 오래 살았을 때, 생활 자금이 바닥날 우려가 있다'**라는 문제입니다.

그러므로 착실하게 준비해야 합니다.

그렇다면 무엇을 어떻게 준비해야 할까요? 대부분 '그럼 열심히 절약해서 예금을 늘리자'라고 생각하고 있지는 않나요?

물론 예전에는 예금만으로도 충분히 노후 생활할 수 있는 자산을 구축한 시대도 있었습니다. 바야흐로 일본의 우체국 은행 정액 저금이 6%의 고금리였던 시대입니다. 연이율 6%를 6개월 복리로 계산하여 12년 동안 운용하면 원금은 2배가 됩니다. 예를 들어 500만 엔을 정액 저금으로 맡겨두기만 하면, 12년 후에는 1,106만 엔으로 부풀어 오르는 것입니다.

태어난 이후 지금에 이르기까지 '0%에 가까운 금리'를 떠올리는 젊은 사람들의 입장에는 아마도 믿기 어려운 이야기일 것입니다. 그러나 이것이 바로 고도 경제 성장기의 일본이었습니다.

현재 일본의 금리 수준은 1%는커녕, 장기 금리도 0.02% 정도입니다. 만약 앞의 사례와 같이 500만 엔을 1년 복리 연 0.02%의 이율로 12년 동안 운용한다면 얼마가 될까요? 답은 501만 엔입니다. 12년 동안 단 1만 엔밖에 증가하지 않는 것입니다.

원금이 2배로 늘어나는 데 걸리는 시간을 계산하는 계산 방식으로 **'72의 법칙'**이 있습니다. 그 계산식은 다음과 같습니다.

연금 = 72 ÷ 금리 (%)

0.02% 금리로 원금이 2배가 되려면 무려 3600년이나 걸리는 것입니다. 참고로 연 6%의 이율로 운용하면

72 ÷ 6 = 12

이므로, 앞에서 말했던 것처럼 12년이면 원금이 2배가 됩니다.

이 비교에서도 알 수 있듯, 과거에는 12년 만에 금리만으로 원금이 2배가 될 수 있는 환경이었지만, 오늘날 원금이 2배가 되기 위해서는 3600년이나 필요합니다. 그러므로 **지금의 금리 수준이 당분간 이어진다는 전제로 생각하면 예금과 적금으로 자산을 형성하는 것은 거의 불가능하다**는 말이 됩니다.

예전에는 예·적금 금리가 한없이 0%에 가까운 상태에서도 자산 가치를 조금 늘릴 수 있었는지도 모릅니다. 왜냐면 디플레이션 경제에 의해 물가가 계속 하락했기 때문입니다.

예를 들어 금리가 0%였다고 하더라도 물가가 매년 1%씩 떨어진다면, 같은 금액의 돈으로 구매할 수 있는 것이 1%씩 증가하게 되므로, 연 금리 1%로 자산 운용을 했다는 말과 같습니다. 다시 말해 **지금까지는 단순히 현금을 보유하고 있으면 자산 가치가 증가했던 것**입니다.

그러나 **앞으로는 아마도 그렇지 않을 것**입니다. 왜냐면 인플레이션의 조짐이 보이기 때문입니다.

2013년부터 시작한 아베노믹스의 목적은 '디플레이션 경제로부터의 탈피'입니다. 소비자 물가지수를 2% 정도 올린다는 목표를 가지고 있으니, 만약 이것이 성공하면 일본의 물가는 연 2%의 페이스로 상승했을 것입니다.

연 2%의 물가 상승은 10년 동안 물가가 20% 상승하는 엄청난 일을 겪는다는 말이 됩니다.

현재 아베노믹스의 목표는 달성하지 못하여 연 2%라는 인플레이션 목표와는 이미 상황이 멀어져 버렸지만, 그렇다고 이제 일본에 인플레이션이 없다고는 단언할 수 없습니다.

이번 코로나-19 사태로 자금이 세계적으로 공급되면서 꽤 많은 잉여 자금이 발생하였습니다. 일본도 예외는 아닙니다. 어떠한 계기로 인플레이션이 발생할 가능성은 부정할 수 없으며, **이미 경기 회복의 국면에 들어선 미국에서는 인플레이션에 대한 경계심을 강화하기 시작하였습니다.**

인플레이션 조짐이 보이면
미국주식에 순풍이 분다

그렇다면 가까운 미래에 인플레이션이 발생한다고 가정하면, 과연 어떠한 자산 운용이 가장 효과적일까요?

인플레이션이 진행된다는 것은 아무것도 하지 않으면 상대적으로 돈의 가치가 하락한다는 것을 의미합니다. 왜냐면 물건의 가격이 오르면(물가 상승), 같은 금액의 돈으로 살 수 있는 물건이 적어지기 때문입니다.

이를 국제적으로 말하자면, 일본의 통화 가치가 하락하는, 즉 엔화 약세가 진행된다는 말입니다.

그리고 국내적으로 보면 인플레이션에 강한 대표적인 자산은 부동산이나 주식입니다. 물가 상승과 부동산 가격의 상승은 엄밀한 관련성이 있습니다. 물가가 오르면 명목상의 매출이 증가하므로, 기업 실적 측면에서는 긍정적 요인이며 주가를 끌어올리는 효과가 있습니다.

하지만 그렇다고 부동산이 무조건 좋다고 단언할 수 없는 측면도 있습니다. 왜냐면 일본은 앞으로 인구가 감소하는 경향을 보일 가능성이 크기 때문입니다.

당연히 장기적으로 보면 주택은 넘쳐날 것이고, 사무실 수요 측면에서도 통신 인프라나 교통수단의 발달과 아울러 보면 전체적으로 감소할 것입니다. 물론 대도시권에서 인기 있는 부동산은 가격이 오를 가능성은 있지만, 그 외의, 예를 들어 지방 소도시의 부동산은 가격이 내려가는 경우도 생각할 수 있습니다. 만약 국내 부동산에 투자하여 가격 상승을 노린다면, 앞으로 인기가 높아질 가능성이 있는 부동산을 찾아야만 합니다.

또한 주식에 대해 일본주식의 경우에는 앞에서 말한 것과 마찬가지로 일본이라는 나라의 경제가 자국 내에서 끝나지 않는다는 약점이 있습니다.

다시 말해 **일본의 토지나 주식은 인플레이션 리스크를 피할 수는 있지만, 강력함의 측면에서는 아직 부족하다는 느낌**입니다.

이와 같이 생각하면, 목표는 서서히 좁혀집니다. 적어도 현재, 일본의 부동산이나 주식에는 약간의 불투명함이 남아있지만, 엔화 약세는 거의 확실하게 진행되고 있다고 보입니다.

그렇게 되면 **엔화 약세로 이점을 누릴 수 있는 외화 표시 자산은 순풍이 부는 상황에 놓이게 됩니다.**

물론 외화 표시 자산에도 다양한 종류가 있는데, 그중에서도 역시 미국주식이 매력적입니다.

일본과는 달리, 미국의 주식 시장은 **미국 경제의 저력을 반영하여 중장기적으로 상승 트렌드를 도모할 가능성이 크다**고 생각할 수 있습니다.

그래서 **사적 연금을 운용하는 방법의 하나로 미국주식을 진지하게 검토할 의미가 있는 것**입니다.

엔화 약세 리스크에 대한 보험으로 장기 보유하자

　미국주식에 투자하는 사람들은 대부분 외화 표시 자산에 따라다니는 환 리스크를 굉장히 불안하게 생각할 것입니다. 환 리스크란 달러 등 자국 통화 이외의 통화를 보유하고 있는 사이 외국 자본이 약세(달러-엔의 경우, 엔화 강세, 달러 약세)하면서 환차손이 발생하는 리스크를 말합니다.

　만약 미국주식에 투자하려고 한다면, 우선 엔을 달러로 교환합니다. 들고 있는 원금 100만 엔을 1달러=100엔의 환율로 바꾸면, 구입할 수 있는 달러는 1만 달러입니다.

　그런데 만약 1달러=90엔까지 달러가 하락하면, 1만 달러를 다시 엔으로 바꿀 때, 얼마를 받을 수 있을까요?

1만 달러 × 90엔 = 90만 엔

　1달러=100엔일 때에 비해 돌아오는 엔 자금이 10만 엔이나 줄어듭니다.

　그만큼 달러의 가치가 엔화에 비해 하락한 것입니다.

　물론 이와 반대로 1달러=110엔이 되면, 1달러=100엔일 때와 비교해 엔화는 10만 엔을 더 받을 수 있는데, 이렇게 증가할 가능성이 있음에도 일반적으로 리스크를 필요 이상으로 지나치게 두려워하는 경향이 있습니다.

외화 표시 자산의 운용을 멀리하는 사람은 아무래도 달러가 약세일 때의 환 리스크를 걱정하는 것이겠지요.

하지만 냉정하게 생각해 보기를 바랍니다. **달러가 약세일 때의 환 리스크가 지나치게 걱정되어, 모든 자산을 자국 통화 표시 자산으로 보유하는 것이 과연 안전하다**고 말할 수 있을까요?

예를 들어 2012년 초가을부터 2015년 12월까지, 달러-엔 환율은 1달러=76엔대부터 1달러=123엔대까지 오르며 달러 강세, 엔화 약세의 상황이 되었습니다.

물론 이 기간에 달러 표시 자산을 보유하고 있던 사람은 환차익을 얻을 수 있었겠지만, 엔 표시 자산을 보유한 사람에게는 어떤 영향이 있었을까요?

'모두 엔화 자산으로 가지고 있었으니 이익도 없지만, 손해도 입지 않는다. 아무런 일도 없으니 다행이다'라고 말해도 괜찮을까요?

그렇지 않습니다.

사실 **엔 표시 자산을 가지고 있는 사람은 그 기간에 달러 강세, 엔화 약세가 진행됨에 따라 큰 손실을 보았습니다.**

1달러=76엔부터 123엔까지 달러가 강세, 엔화가 약세가 진행되었다는 것은 엔화가 달러에 비해 38.21%나 하락했다는 것을 의미합니다.

엔 표시 자산으로는 증가도, 감소도 하지 않았지만, 달러 표시 자산에서 생각하면 엔 자산의 가치는 엔화 약세로 인해 확실히 감소하고 있습니다.

이는 일본 국내에서 생활하고, 엔화로 자산을 보유하며 일상생활에서 엔화를 지불하면 좀처럼 실감할 수 없지만, 예를 들어 해외여행 등을 가면 엔 표시 자산이 큰 손실을 보았다는 것을 실감할 수 있습니다.

그리고 이런 달러 강세·엔화 약세의 영향은 일상생활에도 서서히 나타나게 됩니다.

일본은 해외에서 자원과 에너지, 식료품 등을 수입합니다. 이런 수출입의 결제에는 기본적으로 달러를 사용하기 때문에, 환율의 변동은 엔 표시 결제 금액에 큰 영향을 줍니다.

예를 들어 1달러=100엔일 때, 해외에서 100만 달러만큼의 석유를 수입한다고 가정합시다. 지불해야 할 금액을 엔화로 나타내면 다음과 같습니다.

100엔 × 100만 달러 = 1억 엔

만약 1달러=120엔까지 달러 강세·엔화 약세가 진행된다면 어떻게 될까요? 위와 같이 100만 달러만큼 석유를 수입한다면 엔화로 지급하는 금액은 크게 달라집니다.

120엔 × 100만 달러 = 1억 2,000만 엔

앞과 같이 1억 2,000만 엔으로, 지급 금액에 무려 2,000만 엔이나 차이 나게 됩니다.

그렇다면 달러 강세·엔화 약세에 의한 엔화 지급 금액의 증가분은 어떻게 하면 좋을까요?

석유를 수입하는 기업이 그것을 소매업자에게 도매하는 경우, 달러 강세·엔화 약세 이전의 가격을 유지한다면 가격이 상승하는 만큼을 수입업자가 부담해야만 합니다.

그러나 수입업자가 부담하는 데도 한계가 있습니다. 따라서 최종적으로 가격 상승분은 소비자에게 전가됩니다. 특히 석유 가격 등 자원 및 에너지와 관련된 엔 표시 가격이 상승하면, 그 영향은 경제 활동의 모든 부분에 영향을 미치게 됩니다. 그 결과, 전체적인 물가 수준이 상승하는 것입니다.

이처럼 엔화 약세의 영향으로 국내 물가가 상승하는 것을 **'수입 인플레이션'**이라고 합니다. **국내 물가 수준의 상승은 상대적으로 국내 화폐의 가치가 감소한다는 것을 의미합니다.** 모든 자산을 엔화로 보유하고 있다면, 액면상의 금액에는 변화가 없더라도, 물가와의 균형에 의해 실질적으로 자산 가치는 감소하게 되는 것입니다.

수입 인플레이션으로 인한 자산 가치의 하락을 방지하기 위해서는 **보유한 자산의 일부를 외화 표시 자산으로 바꿔두는 것이 가장 효과적인 대책**입니다. 그리고 외화 표시로 바꾼 자산은 일종의 보험처럼 계속 외화로 보유하면서 운용하는 것이 좋습니다.

다시 말해 환율의 가격 변동을 보고 하나하나 외화로 바꾸거나 엔화로 되돌리는 것이 아니라, 자신의 포트폴리오에 오로지 외화로만 운용하는 부분을 구성하는 것입니다.

물론 외화에도 여러 가지 종류가 있습니다만, 현시점에서 세계 최강의 통화라는 점을 고려하면, 역시 달러 표시의 금융 상품을 보유하는 것이 좋다고 생각합니다. 그러면 미래에 갑작스럽게 국내 통화 약세의 국면이 찾아온다고 하더라도, 포트폴리오의 달러 표시 자산에 의해 보유한 자산 가치가 하락할 리스크를 줄일 수 있습니다.

그렇다면 달러 표시 자산을 어느 정도 보유하는 것이 좋을까요? 외화 보유 자산은 어디까지나 미래에 언젠가 찾아올 엔화 약세에 대비하는 보험 상품과 같으므로 자산의 보유 비율을 지나치게 높일 필요는 없습니다. 예를 들어 '보유 자산의 약 30%를 달러 표시 자산으로 가지고 있겠다'라는 이미지로 생각하는 것은 어떨까요?

미국주식 투자의 비법 ②
자신이 근무하고 싶은 회사에 투자하자

그렇다면 마지막으로, 미국주식 포트폴리오를 구성하는 데 어떤 관점에서 종목을 선택해야 하는지에 대해 생각해 봅시다.

일반적으로 업적이나 재무 내용 등 기업의 펀더멘털(fundamental,

경제 기초)을 확인한 다음, 더불어 이익에 비해 주가가 비싼지, 저렴한지(PER), 혹은 순자산에 비해 주가가 비싼지, 저렴한지(PBR) 등 가치평가(valuation)를 검토하고 종목을 선택합니다. 그런데 국내 기업의 경우 기업명만 들어도 대체로 어떤 회사라는 것을 알 수 있지만, 미국 기업이라면 이른바 그 지역에 관한 배경지식이 없으므로 좀처럼 감을 잡기가 어려울 것입니다.

그럴 때는 **자신이 장래 근무하고 싶은 기업, 혹은 자녀나 손자가 근무하길 바라는 기업 같은 판단 기준도 의외로 유효**합니다.

그리고 자기 돈을 운용한다면 '자신이 근무하고 싶은 기업', 자녀나 손자의 돈을 운용한다면 '그들이 근무하길 바라는 기업' 등으로 나누어 생각하면 더욱 쉽게 종목을 선택할 수 있습니다.

- SNS 관련
- 금융업
- 의료 관련
- 우주 비즈니스

위와 같이 빈번하게 보이고 들리는 주제에 따라, 앞으로 자신이 일해보고 싶은 분야를 선정한 다음, 구체적인 개별 기업으로 구현해 나가는 것이 좋습니다. 이렇게 복수 종목에 투자하면 특정 분야나 기업에 치우친 포트폴리오를 피할 수 있습니다.

개별 기업에 대한 투자는 그에 상응하는 투자 리스크가 있으므

로, **역시 분산하여 투자할 필요**가 있습니다. 실제 근무의 경우에는 여러 기업의 직원이 될 수 없지만, 투자라면 얼마든지 돈으로 동시에 일을 시킬 수 있습니다.

참고로 전문 트레이더가 아닌, 다른 일에 종사하면서 투자하는 많은 사람들이 투자할 때의 주의사항 한 가지를 알려드리겠습니다. 바로 **자신이 지금 일하고 있는 기업과 같은 업종의 미국 기업에는 투자하지 않는다**는 것입니다. 왜냐면 자신이 현재 매달 현금 흐름을 얻고 있는 것과 같은 업종의 기업에 투자하면, 분산 투자의 효과가 일부 떨어질 수 있기 때문입니다.

앞에서 말한 내용을 정리하면, 미국주식에 투자하기 위해서는 다음과 같은 사고방식을 추천합니다.

①외화 표시 자산의 포트폴리오를 구성하여, 국내 통화로 바꾸지 말고 장기적으로 운용한다.
②'자신이 근무하고 싶은 기업, 혹은 자녀나 손자가 근무하길 바라는 기업'이라는 관점에서 투자 종목을 선택한다.

이 두 점을 고려한다면, 일단 큰 실패로 끝나는 일은 없을 것입니다.

투자에서 시간을 아군으로 끌어들이는 것은 매우 중요합니다. 그러므로 만약 미국주식 투자를 시작하려고 한다면, 가능한 젊을 때 시작하는 것이 좋습니다. 이는 퇴직 후 생활을 풍요롭게 보내기 위한 자금 구축으로 이어질 수 있습니다.

　지금까지 일본에 인플레이션 조짐이 보이는 등 투자 환경이 바뀌었다는 것, 그 가운데 인플레이션과 환율(달러 강세·엔화 약세로 이어질 가능성)을 모두 고려하였을 때 미국주식에의 투자가 합리적이라는 것, 리스크 대응이나 종목 발굴 등은 스스로 깊이 고민하고 투자하는 것이 중요하다는 것 등을 이야기했습니다.

　다음 장에서는 모넥스증권의 동료들이 해설한 미국주식의 구체적인 투자 방법에 대해 살펴보겠습니다.

제4장

미국주식 투자의 다섯 가지 시나리오

정부의 책임으로 경제를 원래대로 되돌리다

이번 장에서는 모넥스증권 치프 외국주 컨설턴트인 저, 오카모토 헤하치로가, 앞으로 미국주식 시장의 투자 환경, 주목하고 있는 투자 테마 등에 대해 해설하겠습니다.

오늘날 미국 경제는 코로나-19 감염 확대에 의한 경기 침체로부터 서서히 정상화를 향해 움직이기 시작하고 있습니다.

코로나-19 팬데믹 이전에 기록한 뉴욕 다우 지수의 고가는 2020년 2월, 2만 9,569달러였습니다. 그것이 3월 코로나-19 팬데믹 이후 순간적으로 1만 8,214달러까지 하락하였습니다.

이때 미국은 코로나-19의 감염 확대를 억제하기 위해 일시적으로 경제 활동을 멈추었습니다. 당시 재무부 장관이었던 스티븐 므누신은 TV에 출연하여 이렇게 말했습니다.

'미국 정부의 책임으로 경제를 멈추므로, 미국 정부가 책임지고 경제를 원래대로 되돌리겠습니다.'

미국 정부는 지금 한창 이를 실행에 옮기고 있다고 해도 좋을 것입니다. 그 과정에서 FRB는 자산 매입을 통해 시장에 윤택한 자금을 투입함과 동시에, 다양한 보조금과 보상금을 미국 국민에게 제공하고 있습니다. 지나치다고 생각될 정도로 철저하게 이행하고 있는 것입니다.

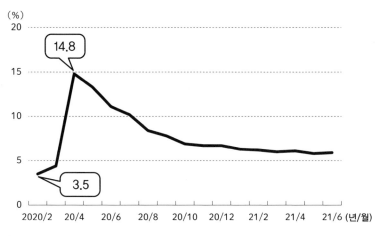

그림 4-1 미국의 실업률

(출처) 미국 노동성 노동 통계국 사이트에서 발췌

　그 가운데 미국 기업은 코로나-19가 심각해진 2020년 봄부터 여름에 걸쳐 망설임 없이 종업원의 일시 해고(layoff)를 감행했습니다. 그 결과, 미국의 실업률은 완전 고용에 가까웠던 2020년 2월 3.5%에서 2020년 4월 14.8%까지 급상승하였으며, 7월까지 두 자릿수 실업률이 이어졌습니다(그림 4-1).

　아마 일본인의 상식으로는 용납할 수 없을 것입니다. 나이브한 일본인이라면 '모두가 힘든 상황에서 또 타격을 가하는 일시 해고를 어째서 감행하는 것일까?'라며 라고 말할 수도 있습니다.

　하지만 일거리가 갑자기 증발했는데도 일이 없는 직원을 계속 고용하는 것이 미국에서는 더 비상식으로 보입니다. 일이 없으면 일시 해고는 당연한 것입니다. 고용된 사람들도 그것을 당연하다고 생각하기 때문에, 큰 반발 없이 받아들이는 것입니다. 하지만 이는 기업 입장에서 결과적으로 긍정적인 방향으로 작용합니다. 일이 없어진 사람들은 우선 국가의 보조금으로 생활하는데, 그 사이에 기업은 일시 해고 등을 통해 경영에 부담을 덜고, 새로운 성과를 창출하기 위해 움직입니다. 실제로 **미국 기업의 실적 전망은 다시 밝아지고 있으며, 그것이 주가의 고가 갱신으로 이어지고 있습니다.** 이렇게 주가가 상승하고, 기업 실적이 회복되면 일시 해고된 사람들을 다시 불러들일 수 있습니다. 매우 합리적인 방법입니다.

미국 기업의 수익 증가 기조는 계속 이어진다

앞에서 말했던 것처럼 미국 경제는 현재, 코로나 이전 수준을 향해 서서히 회복 기조를 따라가는 중입니다. **기업 실적도 조금씩 회복 기조를 찾아가고 있으므로 투자자의 안도감이 높아지고, 그것이 오늘날의 주가 상승으로 이어지고 있습니다.**

문제는 이제부터입니다. 미국 경제는 앞으로도 계속 호조를 유지할 수 있을까요? 2021년 6월 16일에 개최된 미연방공개시장위원회(FOMC)의 발표로, 본래 2024년 이후라고 말하던 금리 이상 시점이 2023년으로 당겨진다는 이야기가 부상하였습니다. 그로 인해 6월 18일 뉴욕 시장에서 다우 지수는 전일 대비 1.6% 하락으로 533.37달러가 떨어졌습니다.

그래도 실제 금리가 인상되는 것은 2023년 이후이므로, 기업 실적에 대해서는 강세를 예상해도 좋습니다. 2021년은 전년 대비 34.6%의 이익이 증가하였으며, 어디까지나 현시점에서의 예상이지만, 2022년에도 12.7%의 이익 증가가 전망됩니다. 다만 실제로 금리의 인상이 예상되는 2023년에는 이익 증진의 속도는 떨어집니다. 하지만 2022년 대비 8.5%의 이익 증진이 전망되고 있으므로, **미국 기업의 실적과 주가에 관해서는 당분간 평온하다고 봐도 좋을 것**입니다.

그렇다면 금리 인상으로 어떠한 영향이 나타날까요?

일반적인 통설에 가까운 이야기지만, '금리 상승은 주가 하락으로 이어진다'라고 합니다.

금리가 오르면 차입 비용이 상승하기 때문에 기업은 설비 투자를 억제하고, 개인은 소비하지 않습니다. 그 결과 기업의 실적이 악화되므로 주가 하락이 타당하지만, 과연 그럴까요?

사실 과거의 데이터를 검증해 보면, **미국의 금리가 상승하는 국면에서 주가는 오히려 상승하고 있습니다(그림 4-2).**

예를 들어 2013년 5월부터 12월까지, 당시 FRB 의장이었던 벤 버냉키가 양적 완화의 축소를 간접적으로 표현하여 미국 10년 국

그림 4-2 S&P 500 지수와 미국 10년 국채 금리의 비교

채 금리가 1.4% 상승하였는데, 그 사이에 S&P 500은 15%나 상승하였습니다.

2015년 1월부터 6월까지도 마찬가지입니다. 이때는 2015년 12월에 금리가 인상되고, 제로 금리 정책이 해제되었습니다. 미국 10년 국채 금리는 0.8% 상승하였지만, S&P 500은 5% 상승하였습니다.

심지어 2016년 7월부터 2017년 3월까지의 기간에는 2016년 미국 대통령 선거에서 트럼프가 승리하면서 트럼프 감세에 의해 경기가 회복될 것이라는 전망에서 미국 10년 국채 금리가 1.3% 상승하였는데, S&P 500은 11% 상승하였습니다.

이후에도 2017년 9월부터 2018년 11월까지, 그리고 2020년 8월부터 2021년 2월까지의 금리 상승 국면에서도 미국 주가는 역시 상승하는 경향을 보였습니다.

금리의 인상에도 주가가 상승한 이유는 무엇일까요?

역시나 그 바탕에는 미국 기업의 실적이 있다고 생각합니다. **S&P 500에 채용된 기업의 EPS(주당순이익)의 추이를 보면, 금리가 상승해도 기본적으로 EPS는 우상향으로 증가하고 있다**는 것을 파악할 수 있습니다. 오늘날의 시장에는 인플레이션에 대한 우려가 떠오르고 있지만, 적어도 지금까지의 미국 기업은 인플레이션 국면에서도 계속 EPS를 증가해온 것입니다.

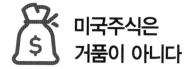

미국주식은 거품이 아니다

일본 언론에서 보도하는 내용을 보고 있으면, 미국주식 시장을 정말 모르고 있다고 말할 수밖에 없는 기사들이 참 많습니다.

'미국주식은 거품'이라고 말하는 그들의 말에 근거는 어디에 있을까요?

미국주식이 거품이라고 말하는 사람들의 근거는 대체로 다음과 같습니다.

'뉴욕 다우 지수가 과거 최고가를 갱신하고 있다. 슬슬 크게 붕

괴해도 이상하지 않다.'

'코로나-19로 많은 사람이 사망하고 있는데, 주가가 이렇게 오르는 것이 어쩐지 이상하다.'

'과잉 유동성으로 인해 주가가 급등하고 있을 뿐이다.'

뭐, 이 정도라고 생각합니다.

하지만 잘 생각해 보기를 바랍니다. 2021년이나 2022년에도 미국 기업의 실적이 크게 증가할 것이라는 전망이 나왔습니다. 그에 따라 EPS 또한 증가할 것이므로, **주가가 하락하는 것이 더 이상한 이야기**입니다.

하물며 **지금의 미국주식이 거품이라고 말하는 것은 너무나 잘못된 견해**입니다.

이렇게 강력한 미국 기업을 지탱하는 것은, 뭐라고 해도 미국 경제의 강한 펀더멘털입니다. 그 펀더멘털이란, 바로 인구의 증가를 가리킵니다.

인구가 증가한다는 것은 그만큼 소비자 수가 많아져 구매력이 높아진다는 것을 의미합니다.

일본에 비해 인구가 젊다는 점도 단단한 미국 경제를 뒷받침하고 있습니다. 게다가 엄청난 혁신들이 모이기 때문에 상당한 천재지변이 일어나 그 펀더멘털이 붕괴하지 않는 한, 앞으로도 미국 경제의 성장은 당연할 것입니다.

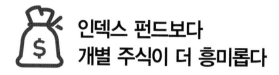

인덱스 펀드보다
개별 주식이 더 흥미롭다

미국주식에 투자하는 방법으로, 시장 전체를 구입하는 인덱스 펀드 투자와 개별 종목 투자, 두 가지를 생각할 수 있습니다.

실제로 지금까지의 주가 상승 국면에서 어떤 종목이 가장 수익이 높았는지 이야기하다 보면, 반드시 언급되는 것이 '바로 뉴욕 다우 지수'입니다. 이것은 우스갯소리도, 무엇도 아닌 틀림없는 사실입니다. 지금까지 가격이 가장 많이 상승한 종목은 바로 뉴욕 다우입니다.

현명한 미국의 투자자는 이러한 사실을 잘 알고 있으며, 무엇보다 지난 10년 동안 ETF 시장도 크게 확대되었습니다.

ETF란 'Exchange Traded Funds(상장 지수 펀드)'의 약자로, 증권거래소에 상장된 투자 신탁을 가리킵니다. 일본에서도 도쿄증권거래소에 상장되어 있는 투자 신탁이 있습니다.

미국의 ETF에는 정말로 다양한 유형이 있습니다.

현재 1,000개 이상의 기업이 상장되어 있으며, ETF를 통해 주식 시장뿐만 아니라, 채권 시장이나 상품(commodity) 시장에도 투자할 수 있습니다.

또한 S&P 500이라는 주가 지수가 10% 상승하면 가격이 30% 오르는 '레버리지 ETF'나, 주가가 하락하면 가격이 하락하는 '인버스

ETF' 등 독특한 ETF가 많이 상장되어 있습니다. 그러나 ETF의 근본은 역시 뉴욕 다우, S&P 500 등 시장 전체의 가격 변동과 연동하는 인덱스 펀드입니다.

인덱스 펀드에는 딱히 성공과 실패가 없습니다. 왜냐면 전체적인 시장의 평균가를 따라가기 때문입니다. 게다가 시장 전체에 투자하고 있으므로 분산이 효과적입니다.

따라서 개별 종목을 연구할 시간적 여유가 부족한 사람 등은 시장 전체를 파악하는 인덱스 펀드와 연동한 ETF의 운용이 적절할 것입니다.

하지만 **인덱스 펀드가 결코 만능은 아닙니다.** 시장 전체에 대한 투자는 그 가운데 크게 성장하는 기업이 있는 반면, 실패하는 기업도 포함되기 때문입니다.

우수한 기업과 그렇지 않은 기업이 있기 때문에, 결국 평균적인 수익이 된다고도 생각할 수 있습니다.

반면 개별 종목 투자에는 성공과 실패가 있지만, **기업을 꼼꼼하게 연구하면 우수한 기업을 발굴할 가능성이 커집니다.** 조사와 분석의 정확도를 높인다면 인덱스 펀드 이상의 퍼포먼스를 실현할 수 있을지도 모릅니다.

그러므로 어느 정도 **기업 분석에 흥미가 있고, 그를 제대로 수행할 만한 시간적 여유가 있는 사람은 인덱스 펀드보다 개별 기업에의 투자를 추천**합니다.

'시나리오를 분산하는 것'부터 시작하자

주식 투자를 하는 경우, 분산 투자는 매우 중요합니다. 인덱스 펀드는 분산 투자의 이점을 최대한으로 활용하는 특성을 지니고 있습니다.

개별 종목에 투자할 때도 역시 분산 투자는 중요합니다.

다만 개별 종목의 분산 투자는 어떤 기준으로 분산해야 하는지, 무엇 하나 정해진 것이 없습니다. 무작정 종목을 분산시켜도 결과적으로 같은 특성의 종목이라면, 일부러 종목을 분산하는 의미가 사라집니다.

만약 환율의 경우, 선택할 수 있는 통화 조합의 수가 한정적이므로 가격 변동이 다른 통화의 조합을 찾는 것은 비교적 쉽습니다. 하지만 개별 종목의 경우에는 모넥스증권이 취급하는 미국주식만 해도 4,200개 이상이기 때문에, 그 하나하나에 대해 가격 변동의 특징을 조사하고, 가격이 다르게 변동하는 것끼리의 조합을 고안하는 것은 매우 어렵습니다.

따라서 일단은 **시나리오의 분산을 이행한 다음, 결과적으로 종목 분산을 계획하는 방법**이 좋습니다.

여기에서 말하는 시나리오란, 앞으로 미국 경제가 어떻게 변모할지, 그 가운데 어떤 기업, 어떤 섹터가 주목받을지에 대한 것입니다. 구체적인 시나리오를 들어 각각에 대해 설명하도록 하겠습니다. 다만 이것은 어디까지나 현시점에서 미래에 유효할 것이라고 여겨지는 시나리오입니다. 미래에도 같은 시나리오가 통용된다고는 단언할 수 없습니다.

그렇기 때문에 우선 이 시나리오를 따라 포트폴리오를 구축하고, 5년 혹은 10년이 지나간 시점에 직접 수집한 정보를 바탕으로 다시 새로운 시나리오를 책정하는 것을 추천합니다.

그럼 지금부터 제가 생각하는 다섯 가지 시나리오를 소개하겠습니다.

시나리오 1
바이든 대통령의 인프라 투자

바이든 대통령은 8년 동안 2조 달러(약 2,600조 원)가 넘는 'The American Jobs Plan(미국 고용 계획)'이라는 인프라 투자 계획을 발표하였습니다. 세계에서 가장 강력하고, 가장 탄력성 있으며, 가장 혁신적인 경제를 구축하고, 수백만 명의 미국인에게 좋은 급여의 일자리 창출을 목표로 **'100년에 한 번'** 있을 법한 엄청난 규모의 투자를 계획하고 있습니다.

지금부터 미국주식 투자에서 주목하면 좋은 몇 가지 테마를 소개해 드리겠습니다. 그중에는 대규모 인프라 투자에 관한 것도 포함되어 있습니다.

구체적으로 어떤 정책을 내세우고 있는지, 지출 명세를 살펴보도록 합시다(그림 4-3).

①**수송 정비 관련** ··· 현재 매출의 2%를 차지하는 전기 자동차(EV)의 보급을 위한 세액 공제 등의 인센티브. 2030년까지 50만 대의 전기 자동차 충전소 건설(1,740억 달러). 2만 마일 고속도로나 도로의 근대화 및 1만 마일의 소형 교량 복원(1,150억 달러). 공동 수송 시스템 정비(850억 달러). 철도망 정비(800억 달러). 재해 대책(500억 달러) 등.

②**건설 및 공익사업 관련** ··· 낮은 가격의 주거 건설과 보조금(2,130억 달러). 고속 인터넷 정비(1,000억 달러). 송전망, 청정에너지 관련(1,000억 달러). 학교(1,000억 달러) 등.

③**고용과 혁신 관련** ··· 제조업을 미국으로 소환(520억 달러). 반도체 업계(500억 달러). 전국 과학 기금(500억 달러). 노동자 훈련(480억 달러). 청정에너지 제조(460억 달러). 기후 온난화에 관한

그림 4-3 바이든 대통령의 인프라 투자 계획의 주요 내용

수송 정비	전기 자동차 보급, 도로 및 다리 보수, 공공 교통 기관의 정비	약 5,000억 달러
건설 및 공익사업	주거 건설 보조, 인터넷 정비	약 5,000억 달러
고용과 혁신	제조업 재구축, 신기술의 연구 개발	약 2,800억 달러
고령자와 장애인 요양 관련	간병인 급여 인상	약 4,000억 달러

새로운 기술의 연구 개발(350억 달러) 등.

④**고령자와 장애인 요양 관련** … 고령자와 장애인뿐만 아니라, 간병인의 급여 인상과 혜택 개선(4,000억 달러).

바이든 대통령은 이러한 대형 투자의 재원에 관해 주로 연방 법인세를 인상하여 조달한다고 발표하였습니다.

미국에서는 2017년 트럼프 정부 시절, 법인세를 35%에서 21%로 삭감하였습니다. 바이든 정부에서는 21%인 법인세를 다시 28%로 인상하고, 15년 동안 증세하여 이번 대규모 투자의 재원으로 하려고 하고 있습니다.

또한 해외에서 활발하게 활동하는 글로벌기업의 해외 매출에 대한 증세도 계획하고 있습니다.

글로벌기업의 해외 매출에 대한 세금 제도만 변경해도 15년간 1조 달러의 세수입이 기대된다고 합니다.

시나리오 2
청정에너지

원래 청정에너지는 2009년부터 2016년까지 이어진 오바마 정권의 '그린 뉴딜 정책'으로 주목받았지만, 그에 이어지는 트럼프 정권에서 톱니바퀴가 역회전하여, 현재의 바이든 정권하에서 다시 미국의 정책 중 하나로 포함되었습니다.

바이든 정권은 구체적으로 풍력 터빈이나 지속 가능한 주택, 전기 자동차 제조 등에 의한 고용 촉진, 2023년까지 이산화탄소를 배출하지 않는 전력 업계의 실현 등을 목표하고 있으며, 이외에도 2050년까지 온실가스의 배출량을 0(영)으로 선언하였습니다.

청정에너지는 세계적인 흐름입니다(그림 4-4).

EU에서는 2050년까지 온실가스 배출을 0(영)으로 하는 목표를 달성하기 위한 '유럽 그린 딜 투자 계획'에 10년 동안 1조 유로를 투

그림 4-4   S&P 500 지수와 S&P 글로벌 클린에너지 지수

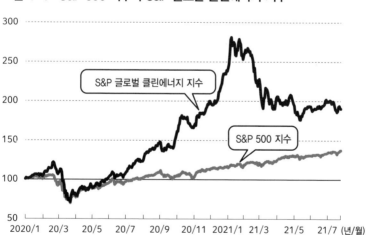

(참고 1) '2019년 말=100'으로 한다.
(참고 2) S&P 글로벌 클린에너지 지수는 재생 가능(대체) 에너지나 환경 개선 기술 등 '탈탄소'에 공헌하는 분야의 30개 기업으로 구성한다.

자할 계획을 세우고 있습니다. 일본에서도 2050년까지 전체적인 온실가스의 배출량을 0(영)으로 하는 탈(脫)탄소화 사회의 실현을 선언하였습니다.

선진국 각국·지역이 지향하는 온실가스 배출량 '0'이라는 목표는 2050년이라는 매우 먼 미래의 이야기입니다.

이와 관련된 업계로 수소연료전지 제조 기업이나 청정에너지를 이용해 전기를 일으키는 기업, 전기 자동차 등을 들 수 있습니다.

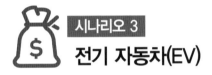

시나리오 3
전기 자동차(EV)

미국 자동차라고 하면 배기량이 많고 연비가 매우 나쁜 이미지가 먼저 떠오르는데, 환경 부담 문제를 고려하면, **아무리 3대 기업이라고 할지라도 내연 기관 자동차를 계속 제조하기는 어렵습니다.**

이 분야에서 한발을 앞서 나가는 기업이 바로 테슬라인데, 테슬라 외에도 전기 자동차에 주력하는 기업은 꽤 존재합니다.

예를 들어 포드는 앞으로 전기 자동차와 커넥티드 카 사업에 주력하기 위해 2025년까지 300억 달러 이상을 배터리 등 전기 자동차 관련 기술에 투자하고, 2030년까지 전 세계에 판매하는 자동차의 40%를 전기 자동차로 한다는 목표를 내세웠습니다.

미래에 점차 전기 자동차로 바뀐다고 하면(그림 4-5), 주유소 대

그림 4-5 미국의 전기 자동차 보유 대수

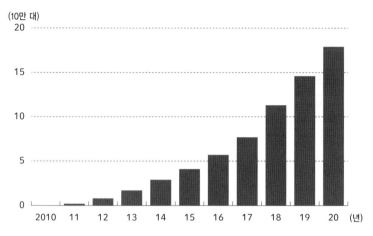

(출처) IEA(국제 에너지 기구) 'Global EV Outlook'에 의해 작성.

신 충전소가 필요해집니다. 무엇보다 미국은 토지가 매우 넓어서 전기 자동차에 탑재된 배터리 성능을 고려하면 꽤 많은 충전소가 필요할 것입니다.

바이든 대통령은 최소한 50만 대의 충전소 설치를 선언하였기 때문에, 그와 관련된 업계도 주목받고 있습니다.

시나리오 4
미국 내 제조 거점의 증가

바이든 대통령은 **해외에 있는 제조 거점을 미국으로 되돌리려는 움직임을 보이고 있습니다.**

이번 코로나-19로 글로벌 공급 사슬(global supply chain)의 약점이 드러났습니다.

특정 나라 혹은 공급자에 대한 의존도가 높아지면, 그곳과의 공급 사슬이 끊어졌을 때 국내에 필요한 물품이 들어오지 못한다는 리스크가 겉으로 드러난 것입니다. 세계적인 마스크 부족이나, 특정 국가로부터 원재료를 받지 못해 약을 제조할 수 없게 되는 사태가 현실에서 발생하였습니다.

해외의 제조 거점을 다시 미국으로 되돌리는 것은 미국으로써는 리스크 관리의 일환이라고 해도 좋을 것입니다.

이런 흐름은 **우리에게 장기적인 주식 투자의 테마를 제공해줄 것**입니다.

공장을 건설할 때 공장의 자동화는 빼놓을 수 없는데, 이러한 흐름으로 이득을 본 기업은 로크웰 오토메이션(ROK), 에머슨 일렉트릭(EMR), 이튼(ETN) 등이 있습니다. 또 미국에 제조 시설이 증가하면 미국 내 화물 이동이 활발해질 것입니다. 이러한 변화로 유니언 퍼시픽(UNP)이나, 노퍽서던(NSC) 등의 철도 화물 회사가 혜택을 보고 있습니다.

미국주식에 투자할 때는 일본주식의 투자와는 또 다른 발상이 필요합니다.

아마 일본에서는 화물과 관련된 철도 회사의 주식이 구체적으로 떠오르지 않을 것입니다. 왜냐면 일본에서 JR을 비롯한 철도 회사는 실적이 매우 힘겨운 상황에 빠져있기 때문입니다.

특히 최근에는 코로나-19의 영향으로 사람들의 움직임이 정체되어 있기 때문에 더욱 그렇습니다. 심지어 인구가 점차 감소하는 경향의 국가에서는 국내 물류나 공공 교통 기관의 기업 실적을 기대할 수 없습니다.

그런데 미국의 경우, 앞에서 서술한 것처럼 앞으로도 계속 인구가 증가할 국가이므로 제조업을 미국으로 되돌리려는 움직임이 없었어도 국내 물류는 꾸준히 증가할 것입니다. **일본의 상식에 갇혀 종목을 고른다면 진정한 보물 종목을 알아차리지 못할 우려가 있습니다.**

시나리오 5
GAFAM

'GAFAM'이라고 불리는 구글(Google), 아마존(Amazon), 페이스북(Facebook), 애플(Apple), 마이크로소프트(Microsoft)라는 빅테크 5대 기업은 변화가 매우 빠른 세계에서는 **'한물간 투자 테마'로**

여겨지지만, 절대 그렇지 않습니다(그림 4-6).

예를 들어 구글의 검색 기능은 기계 학습으로 점점 똑똑해지고 있으며, 사용의 편리성은 매년 현격히 향상되고 있습니다. 전 세계의 90%가 이용한다는 데이터가 있을 정도로 구글은 매우 폭넓게 사용되고 있는데, 이는 구글의 광고 수익이 점점 증가할 가능성이 크다는 것을 말해줍니다.

현재 구글에 게재되는 광고료는 신흥 국가에 비해 선진국이 더 높지만, 언젠가 신흥국의 경제력이 점점 성장하여 중간 소득층이 많아지면, 신흥국에서의 구글 광고료가 인상될 가능성이 있습니다.

그림 4-6 뉴욕 다우와 GAFAM의 주가 지수

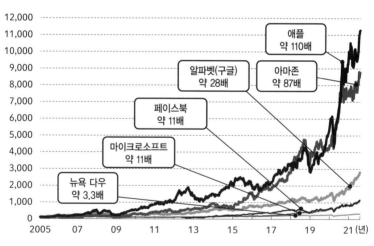

(참고) '2005년 1월 말=100'으로 한다.
　　　페이스북은 2012년 5월에 상장했으므로, '2012년 5월 말=100'으로 한다.
(출처) 블룸버그(Bloomberg) 데이터로 모넥스증권 작성.

또한 아마존만 해도 대부분 사람이 이용하는 것처럼 보이지만, 사실 전체 쇼핑에서 차지하는 온라인 쇼핑의 비율은 아직 20%에 불과합니다.

다시 말해 온라인 쇼핑은 아직도 성장할 여지가 남아있다는 것입니다.

이번 코로나-19로 인해 많은 사람이 온라인 쇼핑의 편리성을 다시금 깨달았습니다. 아마존 이용자는 앞으로도 계속 증가할 것입니다.

그리고 애플도 언젠가는 지금 주요 수익원인 스마트폰이나 태블릿을 사용하지 않는 시대가 올 것이라고 생각합니다. 그렇게 되었을 때, 애플의 주요 수익원이 사라지는 것을 걱정할 필요는 없습니다. 그때쯤이면 애플은 AR(증강 현실)이나 MR(복합 현실)을 활용한 새로운 웨어러블 디바이스, 현재 성장 중인 건강 분야에 특화된 사업, 나아가 자동 운전(애플카)이라는 지금까지와는 전혀 다른 새로운 분야에서 일인자가 될 가능성이 크다고 생각합니다.

일부에서는 미국 정부가 과도하게 커진 GAFAM에 규제를 가한다는 이야기도 있습니다만, 만약 GAFAM을 규제한다면, 미국 기업은 중국 기업과의 경쟁에서 이길 수 없습니다.

GAFAM이 중국 기업에 뒤처지길 바라는 미국인은 한 명도 없을 것입니다. 그렇게 생각하면 **미국 정부나 의회가 GAFAM만 규제하는 듯한 행동을 취한다고 보기는 어렵습니다.** 이것이 매우 중요한 포인트입니다.

다시 말해 GAFAM의 성장은 멈추지 않습니다. 주가 또한 마찬가지입니다. GAFAM에 관해서는 주가가 내려가면 조용히 사들이는 자세가 좋다고 생각합니다.

(모넥스증권 치프·외국주 컨설턴트 오카모토 헤하치로(岡元兵八郎))

제5장

미국주식 투자의 기초 지식

미국을 대표하는
2대 증권거래소

미국에는 세계적으로도 유명한 두 개의 증권거래소가 있습니다. 하나는 **뉴욕증권거래소(NYSE)**, 또 다른 하나는 **나스닥(NASDAQ)** 입니다.

각 거래소에 상장된 종목의 수는 2021년 8월 11일 기준, 뉴욕증권거래소가 약 3,500종목, 나스닥이 약 4,500종목입니다.

뉴욕증권거래소는 200년의 역사를 지닌 세계 최대 규모의 증권거래소입니다.

2007년, 뉴욕증권거래소는 유럽의 유로넥스트와의 합병으로 'NYSE 유로넥스트'라는 공동 소유 주식회사를 설립하였습니다. 유로넥스트는 유럽 19개국의 공통 통화인 유로의 탄생과 함께 설립된 증권거래소로, 2000년 9월 파리증권거래소, 암스테르담증권거래소, 브뤼셀증권거래소가 합병하며 만들어진 거래소입니다.

이렇게 만들어진 NYSE 유로넥스트는 2008년 1월, 구 아메리카증권거래소(AMEX)를 매수하기도 했습니다. 원래 아메리카증권거래소는 뉴욕증권거래소의 상장 기준을 충족하지 못한 기업을 중심으로 하는 시장이었지만, 신흥 기업을 중심으로 한 나스닥이 세력을 확장함에 따라 설 자리가 좁아졌습니다. 그래서 아메리카증권거래소는 옵션거래나 ETF 등 틈새시장의 상장 품목을 늘리며 살아남기 위해 노력했습니다.

이와 같은 거듭된 합병으로 NYSE 유로넥스트의 산하에는 뉴욕 증권거래소와 유로넥스트, 두 개의 증권거래소가 달려있는 형태가 되었습니다.

반면 나스닥은 1971년, 세계 최초의 전자 증권거래소로써 설립되었으며, 인텔, 애플, 마이크로소프트 등 IT 관련 벤처 기업이 주로 상장되어 있습니다.

뉴욕증권거래소와 나스닥의 가장 큰 차이점은 주가의 가격 결정 방법입니다. 뉴욕증권거래소는 불특정 다수의 투자자가 시장에 모이면, 그 수급 균형에 의해 가격이 형성되는 '경매 방식'으로 가격이 결정됩니다.

그에 비해 나스닥은 '시장 결정 방식'을 취하고 있습니다. 이는 '시장 조성자(market maker)'라고 불리는 복수의 증권사가 개별 종목의 매매가를 제시하고, 그 매도가와 매수가 가운데 투자자에게 가장 유리한 가격으로 주문이 체결되는 방식입니다.

오늘날 미국의 주식 시장은 뉴욕증권거래소와 나스닥을 중심으로 돌아가고 있습니다. 두 시장의 거래 시간은 모두 9시 30분부터 16시까지입니다.

이에 따라 한국이나 일본에서는 서머타임이 적용되는 기간에는 22시 30분부터 다음 날 오전 5시까지, 겨울에는 23시 30분부터 다음 날 오전 6시까지 거래할 수 있습니다.

대표적인 인덱스에는 무엇이 있을까?

미국주식 시장의 대표적인 주가 지수로 다음의 네 가지가 있습니다(그림 5-1).

▶ 다우존스 공업주 30종목 평균 주가 지수

미국 다우존스사가 개발하고, 현재는 S&P 다우존스 이니시즈사가 제공하는 지표로, 미국을 대표하는 우량 기업(블루칩) 30사의 평균 주가 지수입니다.

다우 평균 주가 지수에는 이외에도 '다우존스 운송주 20종목 평균', '다우존스 공익사업주 15종목 평균'과 이를 모두 합친 '65종목 종합주가 평균'이 있는데, 그 가운데 '다우존스 공업주 30종목 평균 주가 지수'가 가장 유명합니다.

산출 개시는 1896년으로, 원래는 농업주, 광공업주, 운송주 등 15종목으로 시작하였으나, 1928년에 30종목 평균이 되었습니다. 이름은 '공업주 30종목 평균'이지만, 실제로는 의료, 정보 통신업 등 그때그때의 시대를 선도하는 업종 등을 추가하면서 현재에 이르게 되었습니다.

▶ S&P 500 주가 지수

스탠다드 앤 푸어스사(Standard&Poor's)가 개발하고, 현재 다우

존스 공업주 30종목 평균 주가 지수와 마찬가지로 S&P 다우존스
이니시즈사가 제공하고 있으며, 미국의 대기업 500개사를 모아 산
출된 주가 지수입니다. 기관 투자자의 운용 실적을 평가할 때, 이
지수를 벤치마킹한 사례를 많이 볼 수 있습니다. 뉴욕증권거래소,
나스닥, NYSE 아메리카증권거래소에 상장된 종목에서 500종목을
추출하여 산출합니다.

▶ 나스닥 종합 주가 지수

나스닥에서 거래되는 모든 종목의 시가 총액을 바탕으로 산출하
는 주가 지수입니다. 나스닥에서 거래되는 종목은 인텔, 애플, 마
이크로소프트 등 하이테크 기업, 아마존, 구글, 페이스북 등 인터
넷 관련 기업이 중심이므로, 나스닥 지수의 동향은 하이테크, 인터
넷 관련 기업의 상황을 파악하는 데 참고하면 좋습니다.

▶ 러셀 3000 주가 지수

미국의 상장 기업 가운데 시가 총액의 상위 3,000종목으로 구성
된 주가 지수입니다. 이 3,000종목이 미국주식 시장의 전체 시가
총액의 98%를 차지하고 있다고 합니다.

미국의 주식 시장에는 이런 주가 인덱스에 연동하는 형태로 운
용되는 ETF도 많이 상장되어 있습니다. 최근 일본에도 다양한
ETF가 등장하고 있는데, 거래 규모나 상장된 ETF의 종류를 비교

했을 때, 아직 ETF의 본고장인 미국 시장에는 미치지 못하는 것이
현실입니다.

그림 5-1 주요 인덱스 비교

	뉴욕 다우 지수	S&P 500 지수	나스닥 종합 지수	러셀 3000 지수
산출 시기	1896년 5월 26일	1957년 3월 4일	1971년 2월 5일	1986년 12월 31일
구성 종목 수	30종목	500종목	나스닥에 상장된 모든 종목	3,000종목
산출 방법	주가 평균형	시가 총액 가중형	시가 총액 가중형	시가 총액 가중형
선정 기준	•미국 기업 •성장성을 인정 받은 기업 •투자자의 관심이 높은 기업	•미국 기업 •시가 총액이 일정 금액 이상인 기업(시가 총액은 수시로 재검토) •4분기 연속으로 흑자를 유지하는 기업 •주식에 유동성이 있는 기업	•나스닥에 상장된 기업	•미국 기업 •시가 총액 상위 3,000개 종목

'티커'란 무엇인가?

일본의 주식 시장은 '증권 코드(종목 코드)'라는 네 자리의 숫자로 개별 종목을 표시하는데, 미국의 주식 시장은 **'티커(ticker)' 혹은 '심벌(symbol)'이라 불리는 알파벳으로 개별 종목을 표시**합니다.

예를 들어 코카콜라는 'KO', 제너럴 일렉트릭은 'GE', 보잉은 'BA'입니다. 구체적으로 뉴욕증권거래소에 상장된 종목의 경우, 일반적으로 알파벳 1~3자리 숫자로 표시합니다.

그에 비해 나스닥의 경우, 마찬가지로 알파벳으로 티커를 붙이는데, 예를 들어 마이크로소프트는 'MSFT', 아마존은 'AMZN'과 같이 네 글자가 일반적입니다.

다만 오늘날에는 상장 종목이 점점 늘어나고 있어, 네 글자 알파벳이 무조건 나스닥 종목이라고 말할 수 없게 되었습니다.

참고로 2021년 6월 25일 기준, 미국주식 시장의 주가 총액 상위 종목은 다음과 같습니다.

1위 애플(APPL) ⋯ 2조 2,244억 5,699만 달러

2위 마이크로소프트(MSFT) ⋯ 2조 3억 8,508만 달러

3위 아마존닷컴(AMZN) ⋯ 1조 7,145억 997만 달러

4위 구글(GOOG) ⋯ 1조 6,728억 4,939만 달러

5위 구글(GOOGL) ⋯ 1조 6,625억 7,845만 달러

6위 페이스북(FB) ··· 9,730억 7,315만 달러

7위 테슬라(TSLA) ··· 6,483억 2,110만 달러

8위 타이완 반도체 매뉴팩처링 ADR(TSM) ··· 6,080억 1,600만
달러

9위 알리바바그룹(BABA) ··· 5,923억 5,578만 달러

10위 비자(V) ··· 5,198억 1,539만 달러

그리고 일본의 주식 시장에서 시가 총액 1위는 32조 1,144억 엔
달러인 도요타자동차입니다. 1달러=110엔으로 환산할 경우, 미국
주식 시장의 시가 총액 1위인 애플이 244조 6,902억 엔이니, 미국
의 주식 시장이 얼마나 거대한지 실감할 수 있을 것입니다.

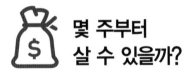 **몇 주부터
살 수 있을까?**

그 밖에도 미국주식의 거래에는 일본주식과 다른 몇 가지 차이
점이 있으므로, 사전에 알아두면 좋은 점을 간략하게 소개하겠습
니다(그림 5-2).

우선 최소 거래 단위입니다.

일본의 경우, 기업이 직접 거래할 수 있는 주식의 최소 단위를
결정하는 '단원주 제도'를 따르고 있습니다. 따라서 '1단원=100주'

인 종목은 100주 단위로 거래해야만 합니다. 예를 들어 1단원=100주인 종목의 주가가 2,000엔이라면 최소한 2,000엔×100주=20만 엔의 자금이 필요합니다.

그에 비해 **미국주식의 경우, 단원주 제도가 없어, 1주 단위로 거래가 가능**합니다. 또한 미국 기업은 주가가 100달러를 초과하면, 소액으로도 주식을 매매할 수 있도록 주식 분할에 적극적으로 임하는 기업도 많습니다.

이처럼 **누구나 조금의 자금만 있으면 간단히 주주가 될 수 있다는 점이 미국의 주식 자본주의적인 측면을 뒷받침하고 있다**고 할 수 있습니다. '주식 투자는 부자를 위한 것'이라는 일본과는 전혀 다른 문화를 가지고 있는 것입니다.

다만 일본에서 미국주식에 투자하는 경우, 국내 거래보다 거래 수수료가 높게 설정되어 있는 경우가 많습니다. 모넥스증권에서는

그림 5-2 미국주식과 일본주식의 차이

	🇺🇸 미국주식	⚫ 일본주식
종목 코드	알파벳 (티커 코드)	네 자리 숫자
최저 거래 단위	1주	1단원 기업 최소 거래주 수를 정하다
값 폭 제한	없다	있다

그 점을 고려하여 미국주식의 수수료를 적극적으로 개정하고, 조금이라도 손쉽게 미국주식에 투자할 수 있는 환경을 만들기 위해 노력하고 있습니다. 또한 **가격 제한 폭이 없다는 점도 미국주식 시장의 큰 특징**입니다.

일본의 주식 시장은 상한가, 하한가의 가격 제한 폭이 설정되어 있으므로 아무리 매수나 매도가 있다고 하더라도 그 가격 제한 폭 이상으로 주가가 오르거나, 그 이하로 떨어지는 경우는 없습니다.

하지만 미국의 주식 시장은 가격 제한 폭이 설정되어 있지 않기 때문에, 특히 주식 시장의 주가 변동이 심할 때 시장가로 주문하면, 예상보다 높은 가격으로 매수하거나, 반대로 예상보다 낮은 가격에 매도하는 경우가 있습니다. 다만, 이는 주가가 어떠한 상황에 처하더라도 '거의 확실하게 매도하거나 매수할 수 있다'를 의미하기 때문에, 일장일단이라고 할 수 있습니다.

ETF는 충실한가?

지난 20년 동안 미국주식 시장에서 가장 성장한 것은 ETF 시장일 것입니다. 어쨌든 지금은 **미국주식 시장의 전체 거래량 가운데 ETF가 40% 가까이 차지할 정도로 성장하고 있습니다.**

현재 미국의 ETF 시장에서 거래되는 종목 가운데, 인기가 높은 10개 종목(시가 총액 100억 달러 이상)은 다음과 같습니다(2021년 7월 말 시점에 과거 3개월의 평균 거래량을 바탕으로 작성).

1위 ⋯ SPDR S&P 500 ETF(미국주식)

2위 ⋯ 파이낸셜 셀렉트 섹터 SPDR 펀드(Financial Select Sector SPDR Fund, 미국 금융 주식)

3위 ⋯ 파워셰어 QQQ(Powershares QQQ, 미국주식)

4위 ⋯ 아이셰어 MSCI 이머징마켓 ETF(iShares MSCI Emerging Markets ETF, 신흥국 주식)

5위 ⋯ 프로셰어 울트라 QQQ(ProShares Ultra QQQ, 미국주식)

6위 ⋯ 에너지 셀렉트 섹터 SPDR 펀드(Energy Select Sector SPDR Fund, 미국 자원 주식)

7위 ⋯ 아이셰어 러셀 2000(iShares Russell 2000 ETF, 미국주식)

8위 ⋯ 아이셰어 실버 트러스트(iShares Silver Trust)

9위 ⋯ 아이셰어 MSCI EAFE ETF(iShares MSCI EAFE ETF, 선진국주식)

10위 ⋯ 아이셰어 차이나 라지캡 EFT(iShares China Large Cap ETF, 중국주식)

일본과 마찬가지로 미국의 ETF도 신탁 보수가 매우 낮다는 이점이 있습니다. 예를 들어 가장 인기 있는 'SPDR S&P 500 ETF'의 연간 신탁 보수율은 0.0945%입니다. 또 대체로 신흥국 주식 시장에 연동하는 ETF는 상대적으로 신탁 보수율이 높은데, 예를 들어 '아이셰어 MSCI 이머징마켓 ETF'의 신탁 보수율은 연간 0.70%입니다(2021년 7월 기준).

일본 국내에서 설정·운용되는 ETF 이외의 펀드 등을 사는 경우, 연간 신탁 보수율이 2%를 넘는 경우도 있습니다. 특히 신흥국의 주식 시장에 투자하기로 했다면, ETF를 활용하는 것이 비용을 절감할 수 있을 것입니다.

앞에서 언급한 인기 순위 상위 10개 ETF 외에도 미국의 주식 시장에는 다양한 종류의 ETF가 상장·거래되고 있습니다.

▶ 세계 주식

북·중남미, 유럽, 아프리카, 아시아 등 세계 다양한 나라의 주식 시장에 투자하는 ETF입니다. 미국이나 일본 등 선진국의 대표적인 주가 인덱스와 연동하는 것부터 튀르키예, 중국, 필리핀, 베트남, 말레이시아, 태국, 브라질, 인도네시아, 러시아 등 신흥국의 주가 인덱스와 연동하는 타입까지 있습니다.

▶ 세계 지역

전 세계에 투자하는 타입부터 유럽·남미·신흥국에 투자하는 타입, 아시아·태평양 지역에 투자하는 타입 등 지역별로 투자하는 ETF입니다.

▶ 상품

대표적으로 SPDR 골드 셰어즈(SPDR Gold Shares)와 같이 금 가격과 연동하는 ETF가 있습니다. 특히 금은 인플레이션 리스크를 회피하려고 하거나 또는 지역 분쟁 등 국제 정서가 불안정할 때 팔리는 경향이 있습니다.

또한 금뿐만 아니라 은, 백금 등의 귀금속이나 원유, 가솔린, 천연가스 등의 에너지, 옥수수, 콩, 밀 등의 농작물 등 다양한 종류의 상품 가격과 연동하는 ETF도 있습니다.

원래 일반적으로 상품에의 투자는 선물 거래 등을 이용하였는데, 선물 거래는 레버리지가 높다는 리스크가 있습니다.

그런 점에서 ETF는 현물 주식과 마찬가지로, 레버리지가 부과되지 않은 상태에서 거래할 수 있어 상대적으로 투자 리스크를 낮출 수 있습니다.

▶ 채권

일본의 ETF 시장에는 채권 가격과 연동하는 타입의 ETF가 매우 적은 것이 현실이지만, 미국의 ETF 시장에는 다양한 종류의 채권에 투자할 수 있는 ETF가 상장되어 있습니다. 대표적으로 신흥국 시장 채권, 미국 물가 연동 국채, 투자 등급 채권, 하이일드 채권, 기간별 국채 등이 있습니다. ETF로 리스크를 통제하면서 포트폴리오를 구축하는 등의 경우에는 채권과 연동하는 ETF를 일정 비율 추가해야 할 필요가 있으므로, 특히 자산 클래스 분산 투자를 이행하는 경우에 유효한 선택지가 됩니다.

▶부동산

부동산 기업의 주식, 혹은 부동산 투자 신탁(REIT) 등에 분산 투자하는 ETF입니다. 미국 부동산뿐만 아니라 전 세계의 부동산에 분산 투자하는 타입도 있습니다.

▶섹터

업종별 주식에 투자하는 ETF입니다. 금융, 농업 관련 산업, 청정에너지, 의약품, 원료, 에너지, 자본재, 테크놀로지, 생활필수품, 공공산업, 헬스케어산업, 광업 등 그 범위는 매우 광대합니다. S&P 500 등 주식 시장 전체에 투자하는 ETF를 중심으로, 그때그때 시장 상황에 맞게 특정 섹터에의 투자 비율을 높이고 싶을 때 활용합니다.

어떠한 주문 방법이 있는가?

시장가와 지정가, 역지정가 등 일본의 주식 거래에 다양한 주문 방법이 있는 것처럼 미국의 주식 시장에도 다양한 주문 방법이 있습니다.

이렇게 말은 해도 **미국과 일본의 주식 시장은 기본적으로 주문 방법이 같습니다.** 차이점은 시장가나 지정가 등이 영어로 표기되고 있는 점 정도입니다. 미국주식의 거래가 처음인 경우, 헤맬 수 있으므로 간단하게 설명해 보겠습니다.

▶ 마켓 오더(market order)

시장가 주문을 의미합니다. 발주 버튼을 누르면, 그때 표시되는 주가와 가까운 가격으로 매매가 이루어집니다.

▶ 리밋 오더(limit order)

지정가 주문을 말합니다. 가격을 지정하여 주문을 발주합니다. 시세에 따라서는 지정한 가격으로 체결하지 않고 주문이 무효가 되는 경우도 있기 때문에 주의가 필요합니다.

▶ 스톱 오더(stop order)

역지정가 주문을 가리킵니다. 현재 주가보다 저렴한 지점에서 매도 주문을 내거나 매수 주문을 넣는 것을 의미합니다. 다시 말해 손실을 한정하거나, 시장 분위기를 이용해 매매할 때 사용하는 지정가 주문이라고 생각해도 좋습니다.

예를 들어 현재 주가가 10달러일 때, 보유하고 있는 주식에 9달러로 매도 역지정가를 설정하면, 주가가 9달러까지 하락했을 때 손실 한정을 위한 매도 지정가 주문이 집행됩니다.

참고로 스톱 오더에는 지정가 주문을 하는 '스톱 리밋 주문(stop-limit order)'과 그 가격이 되었을 때 시장가로 주문하는 '스톱 마켓 주문(stop-market order)'이 있습니다.

스톱 마켓 주문의 경우, 일정한 주가가 되었을 때 시장가로 주문이 들어가므로, 시장이 크게 변동하면 예상하지 못한 주가로 체결되는 경우가 있기 때문에 주의가 필요합니다. 반대로 스톱 리밋 주문은 체결되지 않는 경우가 있어, 포지션을 확실하게 해소하고 싶을 때는 적절하지 않습니다. 어떤 방법으로 주문할 것인지 시세 상황 등에 따라 고민하는 것이 좋습니다.

▶ 주문 기일에 대하여

앞에서 언급한 주문에 대해서는 유효 기간을 지정할 수 있습니다.

- **Day** … 발주 당일만 유효하며, 체결하지 않아도 다음 영업일에 주문되지 않습니다. 시장가 주문의 경우, 주문 기일은 모두 'Day'입니다.
- **GTC(Good till cancel)** … 주문을 취소하기 전까지 무기한으로 유효합니다. 모넥스증권에서는 GTC를 지정하면 90일간 유효한 주문이 됩니다.
- **GTD(Good till date)** … 지정한 날짜까지 유효합니다. 모넥스증권에서는 90일 내의 범위에서 지정 일자를 설정할 수 있습니다.

주목해야 하는 경제 지표는?

기업 실적은 물론, 주가 또한 다양한 경제 환경의 변화로 가격 상승과 하락을 반복합니다.

경제 환경의 변화를 잘 이해하기 위해서는 **미국 정부가 발표하고 있는 경제 지표에 주목해야 합니다.** 최근에는 인터넷에서 비교적 간단하게 미국의 경제 지표를 입수할 수 있습니다.

경제 지표를 볼 때는 **단순한 숫자의 등락뿐만이 아니라, 흐름을 보는 것이 중요**합니다. 당월의 수치가 전월 혹은 전년 동월 대비 상승 혹은 하락했는지만 보고, 경기의 좋고 나쁨을 판단하기는 어렵습니다. 왜냐면 많은 경우, 경제 지표에는 단기적인 흔들림이 있기 때문입니다. 그러므로 수치를 지속적으로 관찰하여 중장기적인 흐름을 파악하는 것이 포인트입니다.

▶ GDP 통계

분기를 기준으로 공표하기 때문에 속보성은 없지만, 전체적인 경제 흐름을 보는 데는 최적의 지표입니다. 국내총생산을 의미하는 GDP는 이름처럼 일정 기간 동안 미국 국내에서 창출된 재화와 서비스의 총액을 나타냅니다. 1, 4, 7, 10월에 속보치, 2, 5, 8, 11월에 개정치, 그리고 3, 6, 9, 12월에 확정치를 발표합니다. '속보치→개정치→확보치'로 수치가 재검토되기 때문에 전년 동기 대비 증감률을 보아도 그다지 의미는 없을 것입니다. 단기적인 경기 변동을 파악하기보다 중장기적인 경제 규모의 흐름을 파악하는 데 도움이 됩니다.

▶ 소비자 물가 지수

물가의 동향을 파악하기 위한 지표로, 매월 15일 전후에 발표됩니다. 소비자 물가 지수에 주목하는 이유는 인플레이션이 발생하면 FRB의 금융 정책에 영향을 미치기 때문입니다. 소비자 물가 지수는 최종 소비자가 제품과 서비스를 구입할 때의 물가입니다. 소비자 물가 지수가 상승한다는 것은 최종 소비자 수준까지 물가 상승의 압박이 심해진다는 의미이므로 금융 긴축 정책을 시행할 가능성이 한 단계 높아집니다. 다만 트렌드를 선도하는 시장은 소비자 물가 지수의 상승·하락과 상관없이 GDP 디플레이터 등을 중시하는 경향이 있어, 주가 등에 바로 영향을 미치지 않습니다.

▶ 고용 통계

다양한 경제 통계 중에서도 가장 주목도가 높은 지표 중 하나입니다. 미국은 전체 경제 활동에서 차지하는 개인 소비의 비율이 매우 높으므로 개인 소비 전망에 영향을 미치는 고용 통계를 눈여겨보는 것은 당연합니다. 그중에서도 '비농업 부문 고용자 수'와 '실업률'에 주목합니다. 고용 통계는 매월 첫 번째 금요일에 발표되는데, 그때는 주가뿐만 아니라 환율에도 크게 영향을 줍니다. 기본적으로 비농업 부문 고용자 수는 증가하는 반면 실업률이 떨어지면 앞으로 고용 정세는 호전되고, 개인 소비 의욕이 높아진다고 판단되어 주가에 긍정적인 영향을 끼치는 경우가 많습니다.

반대로 비농업 부문 고용자 수는 감소하지만 실업률이 상승하는 경우, 앞으로 개인 소비가 침체된다고 전망하여 주가는 하락할 확률이 높아집니다.

▶ 신규 실업 보험 가입 건수

실업 보험을 신청한 사람의 수를 나타내는 경제 통계입니다. 이 또한 고용 통계와 마찬가지로 개인 소비의 동향을 파악하는 데 도움이 됩니다. 실업 보험 신청 건수의 증가는 그만큼 고용 정세가 악화하고 있다는 증거이며, 개인 소비를 침체시킬 우려가 있습니다. 이는 물론 주가에 부정적인 요인으로 작용합니다. 신규 실업 보험 가입 건수는 매주 목요일에 발표되기 때문에 속보성이 높다는 점도 특징 중 하나입니다.

참고로 고용 창출의 분기점은 40만 건으로 간주하며, 그 숫자를 초과하면 고용 정세는 어려움을 겪고, 밑돌면 고용 정세가 호전된다고 판단합니다. 경기의 최고점과 최저점에 대해 2~3개월 정도의 선행성이 있다고 여겨집니다.

▶ ISM 지수

매월 첫 번째 영업일에 공표되는 경제 지표로, 약 350개의 제조업 구매 담당 임원에게 실시하는 설문 조사를 바탕으로 작성됩니다. 생산, 신규 수주, 입하 지연 비율, 재고, 고용 등 각 항목에 대해 전월 대비 '좋음', '변함없음', '나쁨'이라는 세 가지 선택지로 회답을 받아 작성됩니다. 지수가 50 이하로 떨어지면 경기 후퇴, 50 이상이면 경기 회복을 나타낸다고 봅니다. 경기 전환의 선행 지수로써 시장의 주목도 또한 굉장히 높은 경제 지표입니다. 매월 첫 번째 영업일에 발표하고 있으므로 모든 경제 지표 가운데 가장 빠르게 발표된다는 점도 주목도가 높은 이유 중 하나입니다.

▶ 시카고 구매관리자협회 지수

ISM 지수와 마찬가지로 제조업의 경기를 파악하는 데 도움이 되는 지표입니다. 시카고에 한정된 지수이기는 하지만, 직접 인터뷰를 시행하여 작성되는 경제 지표이기에 중요하게 여겨집니다. 기본적으로 이 지수가 상승하면 제조업의 설비 투자 의욕이 높아지는 경향을 볼 수 있습니다. 또한 ISM 지수의 발표 전날 공표된다는 점에서 ISM 지수의 선행 지표라는 역할도 있습니다. 이 숫자가 50을 초과하면 제조업의 경기가 호전하는 경향을 보입니다.

▶ 필라델피아 연방은행 제조업 지수

제조업의 경기를 파악하기 위한 경제 지표 중 하나로, 필라델피아 연방은행이 관할하는 지구에 한정된 통계이긴 하지만, 전국구 경기를 나타내는 ISM 지수와 연관성이 높다고 여겨집니다. 이와 비슷한 지표로 뉴욕 연방은행 제조업 지수가 있는데, 시장의 주목도는 필라델피아 연방은행 제조업 지수가 더 높은 경향이 있습니다. 이 지표는 매월 세 번째 목요일에 발표됩니다.

▶ 뉴욕 연방은행 제조업 지수

뉴욕 지구의 제조업 경기를 나타냅니다. 매월 15일에 공표하며, 특히 고용이나 신규 수주 등의 수치가 주목됩니다. 필라델피아 연은 제조업 지수의 역사가 더 길기 때문에 시장의 주목도는 그보다 떨어지지만, 필라델피아 연방은행 제조업 지수보다 빨리 공표되므로 최근에는 시장의 주목도가 높아지고 있습니다.

제조업의 경기를 파악하는 데 있어, 우선 뉴욕 연방은행 제조업 지수로 대략적인 방향성을 판단하고, 이후에 공표되는 필라델피아 연방은행 제조업 지수로 콘센서스를 형성한 후, ISM 지수로 확인한다는 흐름입니다.

▶ 광공업 생산 지수

매월 14~17일에 발표되는 경제 지표로, 제조 부문의 생산 동향을 지수화한 것입니다. 전반적인 경기 상황과 관계성이 깊다는 점이 특징입니다. 4분기 기준 발표인 GDP에 비해, 광공업 생산 지수는 매월 발표하기 때문에 전반적인 경기 동향의 선행 지표로 주목받고 있습니다.

전체 미국 경제에서 제조업은 20% 정도의 비율을 차지하고 있지만, 경기의 순환은 제조업에서 시작하기 때문에 경기가 회복 국면에 돌입하거나 후퇴 국면에 들어서는 전환점을 파악하는 데 도움이 됩니다. 다만 GDP에 비해 변동 폭이 큰 경향이 있어, 어느 정도의 기간을 평균하여 파악해야 한다는 점이 특징입니다.

▶ 미시간대학 소비자 심리 지수

1966년을 100으로 하여 소비자 심리를 지수화한 지표로, 미시간대학이 매월 두 번째 혹은 세 번째 금요일에 발표합니다. 미국 소비자 신뢰 지수와 함께 소비자 심리를 살피는 대표적인 지수입니다. 소비자 신뢰 지수보다 먼저 공표되기 때문에, 소비자 심리를 빠르게 파악하기 위한 자료가 됩니다. 미국은 개인 소비가 GDP의 약 70%를 차지하고 있어, 소비자 심리의 높고 낮음은 전체적인 경기 동향뿐만 아니라, 주가에도 큰 영향을 미칩니다.

▶ 주택 착공 건수

개인 소비 동향을 파악하는 데 중요한 지표 중 하나로, 매월 셋째 주에 발표합니다. 해당 월에 건축이 착공된 주택 건수를 나타내며, 경기 동향에 민감하게 반응하기 때문에 시장의 주목도 또한 높습니다. 구체적으로 주택 건설이 활발해지면 가전이나 가전제품 등을 새롭게 구입하는 경우가 많으므로 그것이 개인 소비의 활성화로 이어집니다. 다만 기후 변화에 의한 영향도 적지 않아, 3개월의 이동 평균으로 판단하는 것이 좋습니다.

▶ 신축 주택 판매 건수

해당 월에 판매된 신축 주택 건수로, 매월 29일부터 다음 달 4일 사이에 공표됩니다. 경기 동향에 대해 가장 선행성이 높은 지표 중 하나로 여겨집니다. 주택 착공 건수와 마찬가지로 주택 구매의 동향은 가구나 가전제품 등 다른 제품의 판매에 미치는 영향이 크기 때문에, 개인 소비를 좌우합니다.

▶ 중고 주택 판매 건수

다른 주택 관련 통계와 마찬가지로 중고 주택 판매 건수 또한 경기의 선행 지표로써 중요한 통계 중 하나입니다. 매월 25일 전후로 발표되며, 해당 월에 소유권 이전이 완료된 중고 주택의 판매 건수를 집계합니다. 신축 주택 판매 건수는 계약서를 작성한 시점에 집계되지만, 중고 주택 판매 건수는 소유권이 이전한 시점에 집계되므로 중고 주택 판매 건수는 신축 주택 판매 건수에 비해 30~60일 정도 늦습니다.

제 6 장

인터넷 증권으로 시작하는
미국주식 투자

장점이 많은 인터넷 증권

미국주식을 거래하기 위해서는 일단 미국주식을 취급하는 증권사의 계좌를 개설할 필요가 있습니다.

일본에서는 지난 10년 동안 금융 자유화의 흐름으로 은행이 보험 상품이나 투자 신탁을 판매하고 있는데, 미국주식은 은행도 취급할 수 없습니다. 주식의 매매 주문을 중개하는 것은 증권사만의 전매특허입니다.

그러므로 미국주식에 투자하고 싶다면 증권사에 계좌를 개설해야만 하는데, 여기에는 주의할 점이 몇 가지 있습니다.

증권사는 크게 **인터넷을 통해 매매할 수 있는 인터넷 증권사와 대면에서의 거래가 중심인 대면 영업형 증권사, 두 가지로 나눌 수 있습니다.** 대면 영업형 증권사는 영업점이 있고, 창구에 직원이 있어 그 직원에게 구두로 주문을 전달하거나, 혹은 전화로 담당자에게 주문을 전달하여 거래를 성립시키는 증권사입니다.

인터넷 증권이나 대면 영업형 증권사 중에도 미국주식을 취급하는 회사가 있는데, 이 둘을 비교하면, **미국주식을 거래하는 데는 인터넷 증권사가 더 적절하다**고 여겨지는 점이 많이 있습니다. 인터넷 증권은 기본적으로 **24시간 거래할 수 있으므로** 밤에도 미국 시장에 접근하여 실시간으로 거래할 수 있기 때문입니다.

그렇다면 모넥스증권을 사례로 들어 자세하게 설명하도록 하겠습니다.

미국의 거래 시간을 전부 커버한다

앞에서 서술한 것처럼 미국에는 뉴욕증권거래소(NYSE)와 나스닥(NASDAQ), 2대 주식 시장이 있습니다. 이 두 시장의 거래 시간은 현지 시각으로 9시 30분부터 16시까지입니다.

시차를 고려하면, 여름에는 한국 시각으로 22시 30분부터 다음 날 오전 5시까지이며, 겨울에는 23시 30분부터 다음 날 오전 6시까지가 거래 시간에 해당합니다.

그러나 **모넥스증권의 거래 시간은 여름은 21시부터 다음 날 오전 9시, 겨울에는 22시부터 다음 날 오전 10시까지입니다**(그림 6-1). 이는 장전 거래(pre-market)와 장후 거래(after-market)라는 시간 외 거래에 대응하기 위한 것입니다.

미국의 증권 시장은 첫 거래 전 1시간 30분과 마지막 장 이후 4시간을 '시간 외 거래'라고 하여, 거래 시간 전후에도 시장에서 매매할 수 있는 구조로 되어 있습니다.

장전 거래가 시행된 이유는 **첫 거래 시점에서의 가격 형성을 최대한 혼란시키지 않기 위함**입니다. 첫 거래 시점에서 대량의 매도

그림 6-1 미국주식의 거래 시간

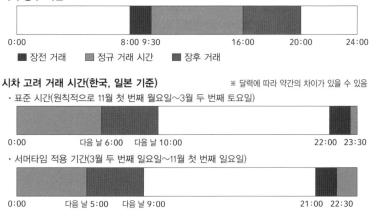

미국 동부 시간

0:00   8:00 9:30   16:00   20:00   24:00

■ 장전 거래   ■ 정규 거래 시간   ■ 장후 거래

시차 고려 거래 시간(한국, 일본 기준)   ※ 달력에 따라 약간의 차이가 있을 수 있음

· 표준 시간(원칙적으로 11월 첫 번째 월요일~3월 두 번째 토요일)

0:00   다음 날 6:00   다음 날 10:00   22:00 23:30

· 서머타임 적용 기간(3월 두 번째 일요일~11월 첫 번째 일요일)

0:00   다음 날 5:00   다음 날 9:00   21:00 22:30

주문이나 매수 주문이 들어오면, 시장이 오픈한 시점에 크게 가격이 상승하거나 하락할 우려가 있습니다. 장전 거래를 설치하여, 시장이 정식 오픈하기 전에 주문의 사전 작업을 해두는 것입니다.

또한 **장후 거래를 이용하면, 결산 발표 등으로 인해 거래 시간 종료 이후에 가격이 크게 변동하는 상황에 대해 거래 기회를 얻을 수도 있습니다.** 장후 거래가 가능한 시간대는 현지 시각으로 16~20시입니다. 이 시간에 일부 경제 지표의 발표 등이 이루어집니다.

다시 말해 장후 거래가 가능하면, 예를 들어 경제 지표가 매우 나쁘거나 시장이 아주 크게 침체될 것 같을 때, 다음 영업일 첫 거래 시점까지 기다리지 않고 재빨리 보유 종목을 매각할 수 있는 것입니다.

또한 장전 거래, 장후 거래를 통해 한국이나 일본에서도 비교적 거래하기 쉬운 시간에 미국주식 시장에 접근할 수 있습니다. 낮에 업무를 하는 사람 등은 한밤중에 일어나야 할 부담이 줄어들기 때문에 분명 큰 이점이라고 할 수 있습니다.

참고로 **일본에서 미국주식 거래를 취급하는 주요 인터넷 증권사 (SBI증권, 라쿠텐증권, 모넥스증권) 가운데, 장전 거래와 장후 거래가 가능한 증권사는 모넥스증권뿐**입니다(2021년 7월 기준).

 ## 증권 종합 거래 계좌의 개설과 동시에 미국주식을 매매할 수 있다

미국주식의 거래를 시작하기 위해서는 일단 증권사의 계좌를 개설해야 합니다.

예전에는 미국주식을 비롯해 외국 주식을 거래하는 경우, 증권 종합 거래 계좌의 개설 절차를 밟은 후에 별도로 외국 주식 거래 계좌를 개설해야 했습니다. 모넥스증권은 2020년 3월 16일 이후, 증권 종합 거래 계좌를 개설하면 자동으로 외국 주식 거래 계좌까지 만들어지므로, **증권 종합 거래 계좌만 개설하면 미국주식을 매매할 수 있습니다.**

개인이 모넥스증권의 신규 증권 종합 거래 계좌를 개설하는 경우, 다음과 같은 순서를 밟습니다.

예전에는 우편 접수를 통한 계좌 개설이 일반적이었지만, 최근에는 서류를 우편으로 보내는 데 불편함이 있어, **신속하게 계좌를 개설할 수 있도록 온라인 계좌 개설이 가능**해졌습니다(그림 6-2).

온라인 계좌 개설에 필요한 서류는 '마이넘버카드(개인을 식별하는 번호 제도, 한국의 주민등록증과 유사하다. – 역자)', 혹은 마이넘버카드를 발급받지 않은 경우에는 '운전면허증'과 '마이넘버 통지 카드(발급 확인서)'를 모두 준비해야 합니다. 모든 서류는 복사본이 아닌, 원본이어야 합니다.

본인 인증은 운전면허증 등 본인 확인 서류의 촬영과 스마트폰으로 본인 얼굴 촬영, 미츠비시UFJ다이렉트(인터넷뱅킹)에 로그인하여 시행할 수 있습니다.

제일 먼저 계좌 개설 페이지에서 '신청서 작성' 버튼을 누르고, 임의의 메일 주소를 등록합니다.

메일을 등록하면 해당 메일 주소로 개설 통지 메일이 발송되는데, 그 메일에 기재된 URL을 클릭하면 나오는 화면에 이름과 성별, 생년월일 등 기본 정보를 입력합니다.

기본 정보를 모두 입력했다면, 다음으로 본인 확인 서류를 제출해야 합니다. 앞에서 서술한 것처럼 모넥스증권이 본인 확인 서류로 인정하는 것은 '마이넘버카드' 혹은 마이넘버카드를 소지하지 않은 경우에는 '운전면허증'과 '마이넘버 통지 카드'를 모두 제시하는 것입니다.

그림 6-2 계좌 개설의 단계

본인 확인 서류의 제출이 끝나면, 스마트폰으로 본인의 얼굴을 촬영하여 전송하거나, 미츠비시UFJ다이렉트 계좌를 가지고 있는 사람은 그에 로그인하면 신청 절차가 완료됩니다. 물론 미츠비시 UFJ다이렉트 계좌가 없다면 모넥스증권의 본인 얼굴 인증 절차가 필요합니다.

이와 같은 절차를 모두 마치면, 다음 영업일 이후에 로그인 ID와 비밀번호가 기재된 〈증권 종합 거래 계좌 개설 완료 안내〉의 메일이 도착합니다. 이 메일을 받으면 거래를 시작할 수 있으므로, 각자 계좌에 돈을 입금하면 거래를 개시할 수 있습니다.

다만 아래의 사항에 해당하는 사람은 온라인 계좌 개설이 불가능하므로, 시간이 조금 걸리겠지만, 서류를 우편으로 발송하여 계좌를 개설해야 합니다.

①미성년자

②마이넘버카드 및 운전면허증을 소지하지 않은 사람
③외국 국적 혹은 미국 거주자(영주권 보유자 및 미국 체재 일수가
  183일 이상인 사람)
④거주하는 국가(과세하는 주소지의 국가)가 일본 이외인 사람

이러한 순서로 증권 종합 계좌 개설을 완료하면 동시에 외국 주식 거래 계좌도 함께 만들어지므로 바로 미국주식을 거래할 수 있습니다(미국 법령상, 미국인·그린카드 보유자(미국 영주권 소유자, 미국 거주자)의 해외에서의 미국주식 거래는 제한되고 있습니다).

외국 주식의 경우, 증권 종합 거래 계좌에서 직접 매수 자금을 굴릴 수 없고, 증권 종합 거래 계좌에 맡긴 엔화 표시 자금을 먼저 달러로 바꿔야만 합니다. 구체적으로 '외화 예수금'의 형태를 취하는 것입니다.

외화 예수금은 어디까지나 현금을 외화로 맡긴 것뿐이므로 안타깝게도 금리 등은 붙지 않지만, 미국주식을 대량으로 사들이기 위해서는 '외화 예수금'이 필요하므로, **외국 주식 거래 계좌를 개설했다면 미국주식 투자에 필요한 금액을 달러로 바꿔두는 편이 좋습니다.**

참고로 '엔→달러', '달러→엔'으로 환전하는 데 적용되는 환율은 2021년 7월 현재, 원칙적으로 14시 30분에서 15시에 결정됩니다.

만약 가지고 있는 엔화를 달러로 교환하는 경우, 그 시간의 환율로 환거래가 이루어져, 그것이 외국 주식 거래 계좌의 '주문 가

능 금액'에 반영됩니다. 그 주문 가능 금액의 한도 내에서 미국주식을 매매할 수 있습니다.

그리고 엔에서 달러로 바꾼 투자 자금이 외국 주식 거래 계좌의 주문 가능 금액에 반영되는 시간은 19시 30분 전후(겨울에는 20시 30분 전후)입니다.

다시 말해 아래와 같은 흐름입니다(겨울에는 환율 결정 시간을 제외하고 모두 1시간씩 늦춰집니다).

①당일 주문 접수 시간 중(12시~14시 20분), 엔을 달러로 바꾸기 위한 절차를 밟는다.
②14시 30분부터 15시에 달러-엔 환율이 결정된다.
③19시 30분 전후로 외국 주식 거래 계좌의 구매 가능 금액에 반영된다.
④21시부터 장전 거래로 거래를 시작한다.
⑤22시 30분부터 거래소에서 본 거래를 시작한다.

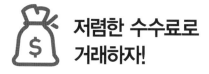

저렴한 수수료로 거래하자!

과거에는 인터넷 증권사에서도, 1,000주까지의 거래를 전제로 했을 때, 미국주식의 매매 수수료가 주문 한 건당 약 25달러였을 때도 있었습니다.

하지만 지금은 인터넷 증권사를 중심으로 수수료가 대폭 인하되었습니다.

참고로 모넥스증권에서 미국주식을 매매할 때의 수수료는 한 거래에 대해 약정 대금의 0.495%(세금 포함)입니다.

이전에는 최저 수수료가 5달러였지만, 지금은 철폐되어 약정 대금의 0.495%만 수수료로 지급하면 됩니다(약정 대금 0.11달러 이하는 무료). 만약 약정 대금이 100달러인 경우, 수수료는 0.495달러입니다. 1달러=100엔이라고 할 때, 수수료는 49.5엔이 됩니다.

그리고 최대 수수료는 22달러(세금 포함)입니다. 약정 대금이 1만 달러인 경우, 0.495%의 수수료율을 적용하면 수수료는 495달러가 되지만, 최대 수수료가 22달러이므로 이 경우에는 22달러로 적용됩니다. 다시 말해 약정 대금이 큰 거래일수록 수수료는 이득이라고 할 수 있습니다.

반면 매각할 때는 매매 수수료에 '현지 거래 비용'이 붙습니다. 요율은 매각 시의 약정 대금 1달러당 0.0000051달러로, 최저 0.01달러가 됩니다. 약정 대금이 1만 달러라고 하더라도 현지 거래 비용이 0.051달러이므로, 추가 비용이 들긴 하지만 큰 부담이 되는 금액은 아닙니다.

게다가 미국주식을 매매할 때는 이러한 매매 수수료와 더불어 외국환 거래 수수료도 부과됩니다. 외화 예수금 등의 경우, 엔화를 외화로 맡기거나 외화를 엔화로 인출할 때 모두 수수료를 내야 합니다. 하지만 모넥스증권에서는 매수 시 엔화를 달러로 바꿀 때 수수료가 부과되지 않으며, 매각 시 달러를 엔화로 바꿀 때는 1달러당 0.25엔이 부과됩니다(2021년 7월 기준).

또한 외국환 거래 수수료는 그때그때의 환율 변동을 고려하여 정기적으로 검토하고 있으며, 상황에 따라서는 매수 시의 외국환 거래 수수료가 유료가 되는 경우도 있으므로 주의해야 합니다.

 ## 취급 종목은 4,200종목 이상! 미국만의 독특한 기업을 발굴하자

모넥스증권을 통해 투자할 수 있는 미국주식의 수는 ETF를 포함해 4,200종목 이상으로, 매우 풍부합니다.

투자하면서 중요한 요소 중 하나는 '많은 선택지'가 있다는 것입니다. 신문이나 잡지, 텔레비전 등 미디어를 통해 얻은 정보를 바탕으로 투자 종목을 고민할 때, 선택할 수 있는 종목이 많아야 더 많은 투자 아이디어를 얻을 수 있으며, 그만큼 투자 기회도 많아질 것입니다. 미국주식을 비롯한 해외 주식을 거래하는 경우, 어떤 종목을 거래하고 싶다고 생각했을 때 거래할 수 있는 환경이 주어지는 것이 매우 중요합니다.

단, 선택지가 많다는 것은 큰 장점이지만, 단점도 있습니다. 너무나 선택지가 많아 오히려 선택하기 어려워진다는 점입니다.

예를 들어 도쿄증권거래소에 상장된 종목은 3,787종목(2021년 7월 기준)이지만, 어떤 기업이 상장되어 있고, 그 기업은 어떤 비즈니스를 하고 있는지 빠짐없이 파악하고 있는 사람은 일단 없을 것입니다. 이는 모넥스증권에서 거래할 수 있는 미국주식도 마찬가지입니다. 4,200종목은 꽤 많은 수이며, 무엇보다 미국주식이므로 일본에서 생활하면서 평생 들을 일 없는 이름의 기업도 많습니다.

하지만 다시 한번 여러분 주위를 꼼꼼히 둘러보기를 바랍니다. 우리 가까이에도 미국 기업은 꽤 많지 않나요?

일상생활에서 구글이나 애플, 아마존, 넷플릭스가 제공하는 서비스를 이용하는 사람이 적지 않을 것입니다.

또 우리는 코카콜라도 마십니다. 그리고 지갑 안에는 비자카드를 소지하고 있지는 않나요? 디즈니랜드를 좋아하는 사람도 있을 것이고, 휴일에 나이키 신발을 신고 달리기를 하는 사람도 많을 것입니다.

집으로 돌아가면, 생필품으로 P&G나 존슨앤드존슨의 제품을 사용하는 사람도 많지 않나요? 그렇습니다. 때가 때인 만큼 말씀드리자면, 코로나-19 백신을 개발한 화이자도 미국 기업입니다.

이처럼 **우리가 평소에 사용하는 제품과 서비스는 미국에서 생산된 것들이 매우 많습니다.**

그러므로 '그 지역의 지식이나 사정에 밝지 않아 외국 기업에 투자하기 어렵다'라는 말은 미국 기업에 해당하지 않습니다. 이런 식으로 생각해 보면 여러분은 이미 많은 기업을 알고 있습니다. 즉 **미국주식 투자는 여러분이 생각하는 것만큼 그렇게 허들이 높지 않은 것입니다.**

또한 **미국주식 투자의 흥미로운 점은 실제로 그다지 알려지지는 않지만, 그 분야에서 시장 점유율이 매우 높은 기업이 많다는 점**입니다.

물론 미국주식에 처음 투자한다면, 앞에서 언급한 누구나 알고 있는 유명 기업부터 선택하는 것이 무난하지만, 미국의 상장 기업을 조사하다 보면, 국내 주식 시장에서는 투자할 수 없을 법한 업종과 그런 비즈니스를 하는 기업이 꽤 존재합니다.

예를 들어 '항공 우주'나 '방위'의 경우, 물론 일본 기업 중에도 방위 산업으로 유명한 미츠비시중공업이나 가와사키중공업, IHI, 후지츠, 미츠비시 전기 등이 있지만, 이들은 모두 방위 산업이 주요 산업은 아닙니다.

그러나 미국 기업 중에는 군사 부분의 매출 비율이 매우 큰 기업이 있습니다. '보잉'이라는 기업은 제트 여객기 등 민간 수요의 이미지가 강하다고 생각하지만, 매출액을 보면 전체 매출의 40%를 군사 부문이 차지하고 있습니다. 심지어 록히드 마틴(LOCKHEED MARTIN)의 경우, 군사 부문에 해당하는 매출액 비율은 80%에 달합니다.

그 밖에도 카지노를 운영하는 기업, 많은 수화물을 싣고 미국 대륙을 달리는 트레일러를 제조하는 기업, 수영장 유지·보수 용품을 판매하는 기업 등, 일본의 상장 기업 중에서는 좀처럼 볼 수 없는 독특한 비즈니스를 다루는 기업이 꽤 존재합니다. 예를 들어 수영장 용품을 공급하는 '풀 코퍼레이션(Pool Corporation)'의 주가는 최근 1995년에 비해 400배가 되었습니다. 이는 100만 엔이 4억 엔이 된 것이나 마찬가지입니다.

이처럼 평범해 보이지만, 미국 경제의 강한 펀더멘털을 반영하여 주가가 크게 상승하고 있는 기업이 많습니다. **미국주식 중에는 국내에 많이 알려지지 않은 기업이라도, 꼼꼼하게 찾아 발견하는 즐거움이 있는 것입니다.**

(모넥스증권 미국주식 담당팀)

제 7 장

미국주식 투자에 도움이 되는 툴

거래 기회를 놓치지 않기 위한 편리한 기능

모넥스증권에서 미국주식을 거래할 때의 투자 환경은 **일본 기업의 주식을 거래할 때의 환경과 거의 다르지 않을 만큼 갖춰져 있습니다.** 그 특징으로 '거래 기회를 놓치지 않기 위한 네 가지 기능'을 갖게 되었다는 것입니다. 그 네 가지 기능은 다음과 같이 구성되고 있습니다.

①시간 외 거래
②다양한 주문 방법
③기업 분석 툴 '모넥스 종목 스카우터 미국주식'
④애플리케이션 '트레이드스테이션 미국주식 스마트폰'

각 기능에 대해 자세하게 설명하겠습니다. 단 시간 외 거래에 관해서는 제6장에서, 다양한 주문 방법에 관해서는 제5장에서 다루고 있으므로, 이번 장에서는 '모넥스 종목 스카우터 미국주식'부터 설명하도록 하겠습니다.

▶ 모넥스 종목 스카우터 미국주식

기존의 일본주식 분석 툴인 '종목 스카우터'라는 서비스가 매우 호평을 받아, 미국주식 버전으로 출시한 툴입니다.

구체적으로 미국 상장 기업의 분석에 이용할 수 있는 무료 서비스로, 미국주식 투자의 종목 선정에 필요한 다양한 기능을 갖추고 있습니다. 이 서비스를 이용하기 위해서는 모넥스증권의 '증권 종합 거래 계좌'와 '외국 주식 거래 계좌'의 개설이 필요합니다. 그다음, 외국 주식 거래 계좌의 관리 사이트에 로그인하여, 시작 페이지 상단의 '종목 스카우터 미국주식' 버튼을 누르면 이용할 수 있습니다.

갖춰져 있는 기능은 먼저 **과거 10기 이상의 기업 매출과 영업 이익 등 주요 실적을 그래프로 표시할 수 있습니다.**

게다가 전기 대비 증감률을 표시하거나, 10년 전을 100으로 하여 지수화하는 등 다양하게 나타낼 수 있는 기능을 갖추고 있습니다. 10기 이상의 실적 동향을 담고 있으므로, 기업의 장기적인 성장 상황을 파악할 수 있습니다(그림 7-1).

또한 최근 실적 트렌드를 파악하기 위해 **3개월마다의 분기 실적도 표시할 수 있습니다.** 최근 실적의 추이이므로 비교적 단기 실적 동향, 주가 동향을 파악하는 데 도움이 됩니다.

배당금을 나타낼 수도 있는데, 이전 기간뿐만 아니라 분기 배당금도 볼 수 있습니다. 미국 기업은 주주 환원을 중시하기 때문에 분기마다 배당금을 지급할 뿐만 아니라, 배당금 액수가 연속으로 증가 기조를 보이는 경우도 적지 않습니다.

이처럼 매 기간의 배당금이 오랫동안 증가하는 경향을 보이는

그림 7-1   모넥스 종목 스카우터 미국주식

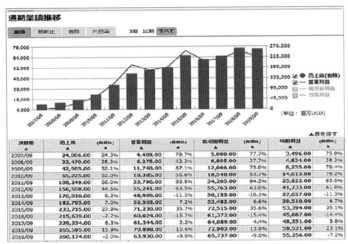

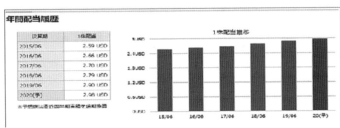

종목을 '배당 귀족 종목'이라고 합니다. 미국주식을 장기간 보유하고, 배당금 증가에 의해 매기간 큰 배당금을 받는 것도 더이상 꿈은 아닙니다. 모넥스 종목 스카우터 미국주식은 **자본 이득(capital gain)보다 소득 이익(income gain)에 중점을 두고 종목을 선택하는 투자자에게 편리한 기능**일 것입니다.

종목 스카우터 미국주식에는 이외에도 매력적인 기능이 많습니다.

과거 10년간의 실적을 확인할 수 있는 '10년 스크리닝'에서는 과거 10년간의 수익 증가 횟수, 이익 증가 횟수, 평균 수익 증가율이나 평균 이익 증가율, 과거 10년간의 평균 이익률 등 실적을 바탕으로 한 스크리닝(진단)이 가능합니다. 이 기능 또한 장기적으로 계속 성장하고 있는 미국 기업을 발굴하는 데 도움이 됩니다.

그 밖에도 결산 스케줄에서 결산이 다가온 기업을 날마다 확인할 수 있으며, 궁금한 종목의 일람 비교도 가능합니다. 그리고 다우존스가 제공하는 뉴스도 읽을 수 있습니다. 미국주식에의 투자이기에 미국 내에서 작성된 뉴스가 중요하다는 것은 너무나 당연한 이야기입니다.

이 정도의 정보가 있으면, 일본주식에 투자하는 것과 같은 감각으로 미국주식에도 투자할 수 있을 것입니다.

지금의 '모넥스 종목 스카우터 미국주식'은 완성형이 아니기에 꾸준히 업데이트하고 있습니다. 고객이 원하고 필요한 기능 등은 요청할 수 있으며, 고객의 요청이 많은 기능은 수시로 확인하여 반영하고 있습니다.

또한 4,200종목 이상인 모넥스증권에서 매매할 수 있는 주식도 투자자의 요청이 있으면 새롭게 추가되기도 합니다. 새롭게 추가된 종목에 대해서는 모넥스증권의 미국주식 전용 트위터에서 확인할 수 있습니다.

▶ 애플리케이션 '트레이드스테이션 미국주식 스마트폰'

외출 등으로 컴퓨터를 할 수 없는 경우에도 스마트폰만 있으면 레이더 스크린(종목 보드)이나 차트 분석·차트 발주 등의 기능을 이용할 수 있습니다(그림 7-2).

탑재된 기능은 컴퓨터 버전과 견주어 봐도 손색이 없습니다. 레

그림 7-2 애플리케이션 'TradeStation 미국주식 스마트폰'

이더 스크린에는 1목록에 35종목을 등록할 수 있으며, 목록 수는 제한 없이 만들 수 있습니다.

또한 로그인 시 지문 인증 기능이 탑재되어 있어 보안을 강화할 수 있으며, 신속한 로그인도 가능합니다.

게다가 차트에서는 차트 분석뿐만 아니라 발주도 가능합니다. 차트에 표시할 수 있는 지표는 모두 27가지입니다(안드로이드 버전은 26가지). 매도·매수 호가 정보나 순위 표시도 가능하므로, 매우 편리합니다.

그리고 매매 주문에 대해서는 시장가와 지정가 등의 일반적인 주문과 더불어, 역지정가 주문, 연속 주문, 트레일링 스톱 주문 등 컴퓨터와 같은 기능을 탑재하고 있습니다.

이런 네 가지 기능에 모넥스증권은 2021년 6월부터 '미국주식 정기 매수 서비스'를 새롭게 실시하고 있는데, 그에 대해서도 이야기해 보겠습니다.

▶ 미국주식 정기 매수 서비스

미국주식 정기 매수 서비스는 미국주식·ETF를 정기적으로 매수할 수 있는 서비스입니다(그림 7-3). 매수 타이밍은 보유 종목에서 배당금이 지급되었을 때 동일 종목을 매수하는 '배당금 재투자'와 고객이 선택한 달의 지정된 날짜에 사들이는 '날짜 지정·정기 매수' 중 하나를 선택할 수 있습니다.

그림 7-3 미국주식 정기 매수 서비스

배당금 재투자 서비스

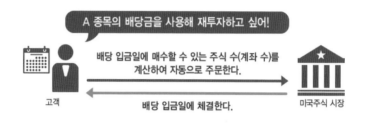

A 종목의 배당금을 사용해 재투자하고 싶어!

고객 → 배당 입금일에 매수할 수 있는 주식 수(계좌 수)를 계산하여 자동으로 주문한다. → 미국주식 시장

배당 입금일에 체결한다.

날짜 지정 · 정기 매수 서비스(매월 매수)

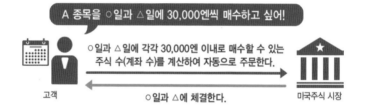

A 종목을 ○일과 △일에 30,000엔씩 매수하고 싶어!

고객 → ○일과 △일에 각각 30,000엔 이내로 매수할 수 있는 주식 수(계좌 수)를 계산하여 자동으로 주문한다. → 미국주식 시장

○일과 △에 체결한다.

먼저 '배당금 재투자 서비스'는 고객이 지정한 보유 종목에서 배당금이 지급되었을 때, 배당금 액수를 상한으로 하여 같은 종목을 매수하는 서비스입니다. 그에 의해 복리에 가까운 운용이 가능합니다. 이는 장기적으로 자산을 크게 늘리고 싶은 사람에게 적절합니다.

또 옵션 기능을 이용하면, 배당 금액뿐만 아니라 매수 주식 수에 끝수가 나오는 경우, 매수하는 주식 수에 부족한 금액을 예금에서 자동 충당하여 매수합니다. 예를 들어 배당 금액이 1주의 매

수 금액보다 미달하는 경우, 외국 주식 계좌의 예금을 충당하여 1주를 발행하는 것입니다.

다음으로 '날짜 지정·정기 매수 서비스'입니다. 이 서비스는 고객이 선택한 특정 일자 및 수여하는 달의 날짜에, 새롭게 지정한 종목에 대해 지정한 금액을 상한으로 하여 매수하는 서비스입니다. 미국주식의 적립 투자이므로, 이 또한 미국주식을 통해 장기적으로 자산을 형성하기에 편리한 서비스입니다.

최신 정보를 알 수 있는 다양한 보고서 발송

모넥스증권에서는 미국주식과 관련된 정보의 제공에 힘쓰고 있습니다.

우선 '핫치'라고 불리는 모넥스증권 치프·외국주 컨설턴트인 오카모토 헤하치로가 작성한 보고서, 〈오카모토 헤하치로의 미국주식을 마스터하는 길〉을 발송하고 있습니다(그림 7-4).

최근 미국주식 시장의 현태나 시장에 큰 변동이 있는 경우, 그 배경에 대해 매우 알기 쉽게 풀이하고 있습니다. 또한 주가가 급등하거나 급락할 때는 임시 보고서가 발송됩니다.

핫치의 보고서에서 특히 주목하고 싶은 부분은 '특별 인터뷰'입니다. 주식 시장에서 화제가 되는 소재를 주제로, 그가 직접 미

그림 7-4 오카모토 헤하치로가 작성한 보고서

국의 전문가를 인터뷰하여 기사로 쓰고 있습니다. 최근에는 대체 투자 업계의 글로벌 리더인 클라스 P. 백스(Klaas P. Baks)와 'SPAC(기업 인수 목적 회사)'에 대해 다각도에서 인터뷰한 내용을 다루고 있습니다.

외부 집필자 중에서는 펀드 매니저인 이시하라 준이 작성한 〈이시하라 준의 미국주식 트렌드 5종목〉도 주목할 만합니다. 이는 미국주식 시장이나 미국 경제와 관련된 이야깃거리와 함께 이시하라 준이 주목하는 미국주식 5종목을 매주 선별하여 다루고 있는 보고서입니다.

또 하나의 정기 발송 콘텐츠로, 코코로 트레이드 연구소가 작성하는 〈미국주식 결산 보고서〉가 있습니다. 여기에서는 딱히 칼럼 등을 쓰고 있지는 않지만, 결산 발표 예정 일람이나 결산 결과 발표 내용을 자세하게 소개하고 있어, 투자하고 싶은 종목이나 이미 투자한 종목의 결산을 확인하는 데 도움이 됩니다.

참고로 이들은 모넥스증권이 제작하는 온드미디어(Owned Media)인 '마네크리'에 게재하고 있는 보고서로, 해당 사이트는 오픈 사이트이므로 모넥스증권 계좌를 소지하지 않은 사람도 언제든지 자유롭게 볼 수 있습니다. 그래서 아낌없이 주는 콘텐츠라고 할 수 있습니다.

 ## 유튜브에 게시하는 영상 콘텐츠

게다가 모넥스증권이 제공하는 콘텐츠 가운데 주목하고 싶은 것이 바로 세미나 관련 콘텐츠입니다. 앞에서 언급한 핫치는 월 1회 미국주식에 관련된 정보를 알기 쉽게 해설하는 온라인 세미나를 개최하고 있습니다.

이 세미나는 원칙적으로 매회 '특별 게스트'를 초대하여, 핫치와 대담 형식으로 최근 미국주식의 핫이슈에 대해 이야기하거나, 질문을 하는 코너가 마련되어 있습니다. 게스트는 매회 달라지므로, 다양한 업계의 시기적절한 이야기를 들을 수 있습니다. 게스트가 영어로 이야기하는 경우, 일본어 동영상에 일본어 자막을 넣고 있으므로 영어에 능숙하지 않은 사람도 마음 편하게 시청할 수 있습니다.

또한 이 세미나에서는 미국 트레이드스테이션 그룹의 마켓 인텔리전스 부문 부사장인 데이비드 러셀(David Russell)이 미국 개인 투자자의 거래 동향에 대해 전하고 있습니다.

이 세미나는 모넥스증권 계좌를 가지고 있는 사람을 대상으로 하고 있지만, 추후에 온디맨드(On-demand)로도 발신하여 유튜브에 게시하고 있으므로, 모넥스증권 계좌가 없는 사람도 시청할 수 있습니다(그림 7-5).

오늘날에는 인터넷에서 미국주식에 관한 정보를 수집할 수 있지만, 영상으로 현지 전문가가 이야기하는 최신 정보를 접할 기회가 일본에는 아직 그렇게 많지 않습니다. 그런 점에서 이는 매우 귀중한 정보원 중 하나라고 해도 좋을 것입니다.

'Q&A 세미나'라는 콘텐츠도 있습니다. 이는 생방송이 아닌, 온디맨드로 볼 수 있습니다. 'Q&A 세미나'는 초보 투자자를 위한 내용으로, 투자자에게 직접 질문을 받아, 핫치가 그에 대해 답변하는 구성으로 이루어져 있습니다.

그림 7-5 유튜브에도 업로드되는 온라인 세미나

 ## '모넥스 투자력 판단'에 의한 포트폴리오 분석

이는 모넥스증권 계좌를 가지고 있는 사람이 무료로 사용할 수 있는 서비스입니다. **자신이 보유한 미국주식 포트폴리오의 수익률과 표준 편차를, 주식 인덱스나 다른 이용자의 퍼포먼스와 비교할 수 있는 기능**입니다(그림 7-6). 이 서비스를 활용하여, 자신의 투자 행동이 시장에서 어떤 위치에 놓여있는지 상대적으로 파악할 수 있습니다.

그림 7-6 모넥스 투자력 판단

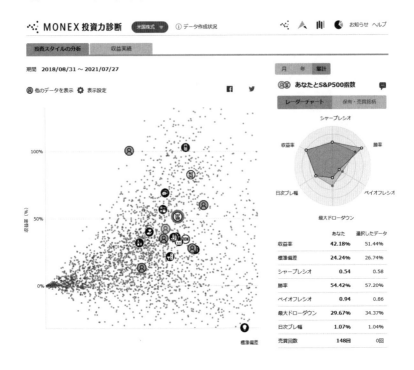

 # 정보 수집부터 주문까지
가능한 거래 화면

마지막으로 거래 화면의 주요 부분에 대해 해설하겠습니다.

미국주식의 거래 화면은 '정보 메뉴'와 '차트', '주문을 포함한 그 외 기능'으로 구성되어 있습니다.

▶정보 메뉴

'정보 메뉴'(그림 7-7)는 잔액 조회, 예금 자산 평가액, 주문 체결 일람, 레이더 스크린까지 네 종류가 있으며, 기동했을 때는 '레이더 스크린'이 표시됩니다.

'잔액 조회'는 보유 종목과 수량, 참고 취득 단가, 참고 평가 손익 등을 확인하기 위한 것으로, 화면에 표시하는 항목을 자유롭게 설정할 수 있습니다.

'예금 자산 평가액'은 미국주식 거래 계좌 내의 예금 자산 평가액을 확인하기 위한 것으로, 현재의 자산 상황, 평가액이나 매수 가능액 등이 표시됩니다.

'주문 체결 일람'에서는 체결 상황이나 주문 내용을 확인할 수

그림 7-7   모넥스증권 거래 화면 – 정보 메뉴

있습니다.

'레이더 스크린'에는 확인하고 싶은 항목이나 인덱스를 등록해 둘 수 있습니다. 그러면 현재 주가를 확인할 수 있을 뿐만 아니라 테크니컬 지표를 등록함으로써 현재 주가가 테크니컬 지표에서 어떤 위치에 있는지 판단할 수 있습니다. 테크니컬 지표는 최대 20개까지 등록할 수 있습니다.

▶ 차트

차트 부분에는 지정한 항목의 가격 차트 등 가격 정보가 표시됩니다. 차트의 표시 기간을 변경할 수 있으며, 차트 위에 추세선 등 독자적인 선을 그을 수 있습니다.

차트도 자신이 선호하는 표시 유형으로 변경할 수 있습니다. 일반적으로 가장 익숙한 차트는 '봉 차트(캔들 차트)'지만, 이외에도 시가, 고가, 저가, 종가를 하나의 선에 표시한 '바 차트(시고저종)', 지정 기간의 종가를 연결한 선의 아랫부분을 빈틈없이 색칠한 '영역 차트', 지정 기간의 종가를 연결하여 선으로 표시한 '선 차트' 등이 있습니다.

현재 차트 위에 표시하는 테크니컬 지표로는 'ADX', 'DMI', '볼린저 밴드', 'MACD' 등 40종류 이상 있으며, 그중 최대 5개까지 추가할 수 있습니다.

테크니컬 지표는 높은 확률로 시세의 전환점 등을 알려주고 있지만, 100% 옳다고 할 수 없습니다. 때로는 '속임수'라고 하여, 전혀 다른 신호를 보내는 경우도 있습니다. 그러므로 자신이 사용하기 쉬운 몇 가지 지표를 선택하여 활용하는 것이 좋습니다.

▶주문

종목의 주문은 주문 팝업 화면에서 시행합니다(그림 7-8). 먼저 종목을 지정합니다. 일본주식은 '종목 코드'라는 네 자리 숫자로 종목을 특정하고 있는데, 미국주식은 '티커'라는 알파벳으로 나타내고 있습니다.

검색 창에 티커 혹은 알파벳으로 사명을 한 글자만 입력해도 후보 종목이 목록으로 나오므로, 그 목록에서 종목을 선택할 수도

그림 7-8　모넥스증권 거래 화면 – 주문

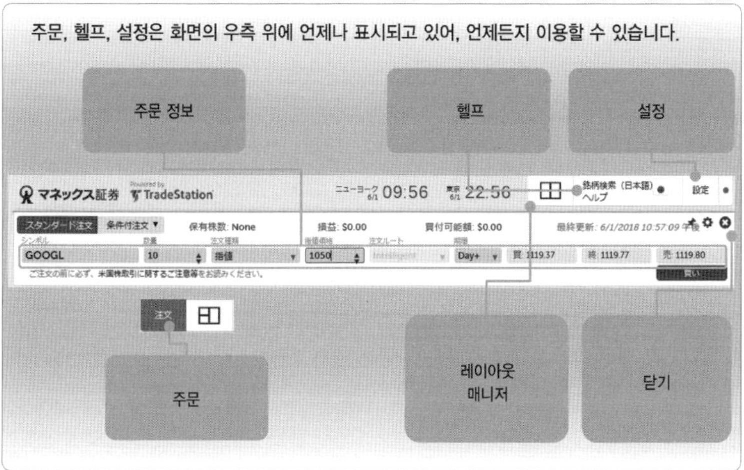

있습니다. 또한 영어 사명을 모르는 경우, 주문 화면의 '종목 검색(일본어)'에서 일본어 검색도 가능합니다.

다음으로 주문의 종류나 수량(주식 수), 매수 주문, 매도 주문을 각각 확인하고 주문 버튼을 클릭합니다. 그러면 주문은 완료됩니다.

지금까지 말한 기본적인 거래 화면은 컴퓨터뿐만 아니라 스마트폰에서도 거의 같습니다. 또한 사용하기 편리하다는 점에서 강조해서 말하지만, 스마트폰의 레이더 차트는 컴퓨터의 레이더 차트와 연동하여 표시할 수 있습니다.

(모넥스증권 미국주식 담당팀)

[제**8**장]

미국주식 투자의 세금과 NISA

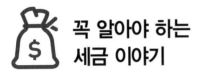

꼭 알아야 하는 세금 이야기

지금부터 주의해야 하는 세금에 관해 이야기해 봅시다.

미국주식 거래에 부과되는 세금은 기본적으로 일본주식 거래와 같습니다.

2021년 6월 말인 현재의 증권 세금 제도에서는 매각하여 얻은 이익(양도 소득)에 대해 원칙적으로 20.315%의 세율이 부과됩니다.

그리고 개인 투자자의 확정 신고 부담을 줄이기 위해 '특정 계좌'라는 제도도 도입되어, 폭넓게 이용되고 있습니다.

또한 배당금에 대해서는 원천 분리 과세를 따르고 있습니다.

미국주식 거래에도 일본주식과 같은 세금 제도가 적용되지만, 다음 세 가지에 대해서는 주의가 필요합니다.

- 일본주식 등 다른 상품과 손익 통산을 하기 위해서는 원칙적으로 확정 신고가 필요하다.
- 배당금은 외국 세액공제의 대상이 된다(확정 신고 필요).
- 양도 소득이나 배당금은 달러에서 엔으로 환산할 필요가 있다.

지금부터 각 항목에 관해 설명해 보겠습니다.

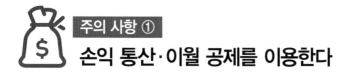

주의 사항 ①

손익 통산·이월 공제를 이용한다

손익 통산(損益通算)이란, 가격이 올라 이익을 얻은 A주식과 손실을 입은 B주식이 있을 때 각 손익을 합산하여 신고할 수 있는 제도를 말합니다.

예를 들어 A주식의 이익이 100만 엔, B주식의 손실이 70만 엔이라고 하면, A주식의 이익인 100만 엔에서 B주식의 손실인 70만 엔을 뺀 나머지 30만 엔을 매각 수익으로 신고하는 것입니다.

손익 통산은 여러 개로 나누어진 거래 결과를 함께 계산할 수 있어, 같은 증권사 내에서의 거래뿐만 아니라 보유하고 있는 여러 증권사의 손익에 대해서도 유효합니다. 예를 들어 모넥스증권에서는 미국주식에 투자하고, 다른 증권사에서 일본주식에 투자할 때도 두 계좌에서 모두 손익을 통산할 수 있습니다.

그리고 손익 통산은 매년 1월 1일부터 12월 31일까지의 기간에 실제 손익을 확정한 금액에 대해서만 이루어집니다. 보유한 채로 있는 종목의 미실현 손익으로, 손익 통산은 불가능합니다.

다음으로 손실의 이월 공제는 **예를 들어 2021년의 확정 신고에서 손익 통산을 해도 다시 100만 엔의 손실이 남은 경우, 그것을 최대 3년간 이월할 수 있습니다.**

2022년의 확정 신고에서 만약 50만 엔의 이익이 나왔다고 하더라도 이월한 100만 엔의 손실에서 공제할 수 있으므로, 이번 해의 이익은 0엔이 되고, 세금을 납부할 필요는 사라집니다.

그리고 2023년의 확정 신고에서 20만 엔의 이익이 나왔을 때, 이월한 손실이 50만 엔이므로 그를 빼면 이익은 0엔이 되고, 이번 해에도 납부 의무는 없습니다.

이처럼 3년 동안, 즉 2024년의 확정 신고 시까지는 **손실을 이월한 후, 이익에서 공제할 수 있습니다.**

이렇게 미국주식에서 얻은 손익을 일본주식의 손익과 손익 통산하고 이월하기 위해서는 일본 증권사에서 거래하는 것이 전제입니다. 예를 들어 해외 증권사에서 미국주식을 거래할 때는 손실의 이월 공제가 불가능합니다.

주의 사항 ②
외국 세액 공제를 활용하여 손실을 회피한다

미국주식의 배당금은 원천 분리 과세라고 설명했지만, 확정 신고도 가능합니다. 그리고 **확정 신고를 하는 경우, 종합 과세 혹은 신고 분리 과세 중 하나를 선택해야 하는데, 모두 '외국 세액 공제'를 적용받을 수 있습니다.**

외국 세액 공제란, 외국 증권 투자에 의한 이자나 배당금에 대해 국외에서 과세된 세액을, 국내에서 과세된 소득세나 주민세에서 공제함으로써 국제간 이중과세를 조정하기 위한 것입니다.

외국 세액 공제는 확정 신고하고 종합 과세 혹은 신고 분리 과세를 선택하지 않으면 적용되지 않으므로 주의가 필요합니다.

직접 절차를 밟아야 하므로 아마 귀찮다고 느끼는 사람도 있을 것입니다. 투자하고 있는 금액이 적고, 받는 배당금의 액수가 크지 않으면 노력과 시간을 들여 외국 세액 공제의 절차를 이행하는 이점은 느끼지 못할지도 모릅니다. 다만 투자하고 있는 금액이 점점 커지면, 외국 세액 공제의 액수 또한 그만큼 커지게 됩니다. 그러므로 언젠가는 외국 세액 공제를 이행하게 된다는 점을 기억하고, 사전에 이 절차에 관해 확인해 두는 것이 좋습니다.

주의 사항 ③

양도 소득·배당금에는 환차 손익이 포함된다

미국주식은 원칙적으로 달러로 거래됩니다. 따라서 **미국주식의 거래에 의해 발생하는 차손익에는 환차 손익도 포함됩니다.**

예를 들어 주가가 1,000달러인 종목을 구입할 때의 환율이 1달러=101엔이었다고 가정합시다. 주가가 1,300달러까지 가격이 오른 순간에 이익을 확정하는 매각을 했을 때, 환율이 1달러=103달러가 되었다고 합시다.

이 경우, 구입할 때의 엔 표시 가격은 1,000달러×101엔=10만 1,000엔입니다. 그리고 매각 시의 엔 표시 가격은 1,300달러×103엔 =13만 3,900엔이 되므로, 그 차액인 3만 2,900엔에 대해 20.315%가 신고 분리 과세되는 것입니다.

다시 말해 환차 손익도 포함한 후에 과세 대상이 되는 이익이 발생했는지를 생각할 필요가 있습니다.

예를 들어 주가가 1,000달러에서 1,100달러로 올랐다고 해도, 환율이 1달러=101엔에서 90엔으로 급락하는 엔화 강세가 덮쳐온다면, 어떻게 될까요?

구매 시의 엔 표시 가격은 10만 1,000엔입니다. 하지만 매각 시, 엔 표시 가격은 1,100달러×90엔=9만 9,000엔이 됩니다.

다시 말해 달러 표시 주가는 상승했지만, 환율에서 엔화가 강세하면, 환차손에 의해 주가의 가격 상승 이익이 상쇄되어 버립니다. 경우에 따라서는 이 사례와 같이 매각 손실을 입는 경우도 종종 있습니다.

물론 **환차손을 포함한 매각 손실이 발생한 경우, 거기에서 발생한 손실을 다른 계좌에 가지고 있는 일본주식의 이익과 손익 통산할 수 있습니다.**

게다가 손실이 남은 경우, 이월 공제를 활용해 조금이라도 세금 부담을 줄이는 방법을 고민해야 할 것입니다.

미국주식도 NISA의 대상

2014년 1월부터 시작한 일본의 투자 비과세 제도인 NISA는 **상장 주식이나 주식 투자 신탁의 투자로 얻은 가격 상승 이익, 배당금, 분배금에 대해 일정한 투자 금액을 상한으로 하여 비과세로 하는 제도로, 미국주식도 그 대상에 포함됩니다.**

이 NISA라는 제도에서는 투자로 얻은 가격 상승 이익 등 연간 최대 120만 엔까지 비과세의 대상이 됩니다.

원래 20.315%의 세금을 내야 하지만, 완전 비과세가 되므로 NISA가 매우 유리하다는 것은 확실합니다(그림 8-1).

그림 8-1 NISA를 활용하면 이만큼 이득

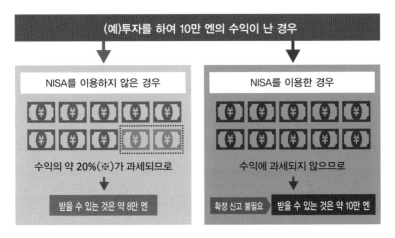

그럼 지금부터 NISA가 어떤 제도인지에 관해 설명하려고 합니다. 구조는 조금 복잡하지만, 아래의 네 가지 포인트를 이해하면 문제없습니다.

①운용 수익이 비과세가 되는 투자 원금은 연간 120만 엔
②2021년부터 투자를 시작한 사람의 비과세 총액은 360만 엔
③비과세 기간은 5년
④계좌 개설 가능 기간은 2023년까지

우선 ①은 1년 동안 투자할 수 있는 최대 금액을 가리킵니다. 예를 들어 2021년의 NISA 계좌로 120만 엔을 투자했다면, 이제 2021년에는 NISA를 사용해 투자할 수 없습니다. 다음 NISA를 이용해 투자할 수 있는 것은 2022년 이후입니다.

다음으로 ②는 앞에서 서술한 것처럼 1년간 NISA의 최대 투자액이 120만 엔이라는 것을 말하고 있습니다.

따라서 매년 120만 엔씩 투자할 수 있는데, 현행 NISA에서는 2023년이 계좌 개설이 가능한 마지막 해가 되므로, 최대 360만 엔이 상한액이 됩니다.

다만 NISA의 비과세 기간은 ③에서 말한 것처럼 5년입니다. 2023년의 범위에서 투자한 경우, 그로부터 발생한 가격 상승 이익, 배당금, 분배금은 2027년 말까지 비과세 대상이 됩니다.

2024년부터 새로운 NISA가 시작된다

현행 NISA의 계좌를 개설할 수 있는 기간은 2023년까지인데, 2024년부터 새로운 NISA가 시작됩니다. 이 신NISA와의 구분을 위해, 2023년까지 사용할 수 있는 현행 NISA를 '일반 NISA'라고 칭합니다.

신NISA의 비과세 기간은 현행 NISA와 마찬가지로 5년입니다. 따라서 2021년부터 일반 NISA에서 운용을 시작한 경우, 2024년부터 2027년까지는 일반 NISA와 신NISA를 모두 운용하게 됩니다.

지금부터 신NISA에 대해 간단히 설명하겠습니다.

일반 NISA는 연간 비과세액이 120만 엔이지만, 신NISA의 비과세 범위는 2단계로 되어 있습니다. 1단계 부분의 대상은 적립 NISA의 대상 상품인 투자 신탁이며, 비과세 한도는 20만 엔입니다. 그리고 2단계 부분의 대상은 상장 주식이나 주식 투자 신탁이며, 비과세 한도는 102만 엔입니다(그림 8-2).

기본적으로 1단계 부분을 이용하지 않으면 2단계 부분도 이용할 수 없지만, **일반 NISA를 이용하고 있어 투자 경험이 있는 사람이라면, 따로 신고하여 1단계를 이용하지 않아도 2단계를 이용할 수 있습니다.** 다시 말해 적립 NISA용 투자 신탁을 사지 않고 주식만

그림 8-2 일반 NISA와 신 NISA

현행(2023년까지)	개정 후(2024년 이후)
성장 자금의 공급 확대 (특히 장기보유 주주 육성) 안정적인 자산 형성 비과세 기간 5년 연간 120만 엔 [최대 600만 엔]	**2단계** 성장 자금의 공급 확대 (특히 장기보유 주주 육성) 안정적인 자산 형성 비과세 기간 5년 연간 102만 엔 [최대 510만 엔] **1단계** 안정적인 자산 형성 비과세 기간 5년 연간 20만 엔 [최대 100만 엔]

(출처) '2020년도 세제 개정에 대하여'(2019년 12월 금융청)로부터 모넥스증권 작성

으로도 신NISA를 이용할 수 있는 것입니다.

다만 일반 NISA에서 120만 엔의 비과세 한도를 모두 투자한 사람은 신NISA만 이용하는 경우, 비과세 한도가 102만 엔으로 감액된다는 점에는 주의해야 할 것입니다.

2021년에 일반 NISA를 이용해 투자를 시작한 사람은 2025년 12월 말에 비과세 기간이 종료되므로, 2026년 1월부터 신NISA로 만기를 연장할 수 있습니다. 신NISA의 비과세 기간은 2030년 12월 말에 종료되는데, 현 제도에서 신NISA의 계좌는 2028년까지 개설할 수 있으므로, 한 번 더 만기 연장은 불가능합니다. 이런 경우에는 2030년 12월 말 비과세 기간이 종료되는 시점에 그 자금이 과

세 계좌로 이동됩니다.

현재 신NISA가 2029년 이후에도 존속하는가에 대한 여부는 아직 정해진 바가 없습니다. 다만 신NISA에 대해 예상보다 반응이 좋고, 신NISA에 대한 니즈가 높아지면 다시 제도를 연장할 가능성도 있습니다.

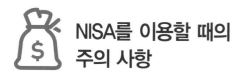

NISA를 이용할 때의 주의 사항

NISA는 운용 수익이 비과세가 된다는 점에서 굉장히 매력적이지만, NISA 계좌를 이용할 때 세 가지 주의할 점이 있습니다.

①복수의 금융 기관의 계좌를 만들지 않는다

NISA 계좌의 개설은 어디까지나 개인당 하나의 금융 기관에서만 가능합니다. 금융 기관의 변경은 가능하지만, 예를 들어 2021년분의 NISA 계좌를 한 번이라도 이용했다면 2021년분의 NISA 계좌의 변경은 불가능합니다. 이런 경우에는 2022년분 이후의 NISA 계좌를 변경하는 것입니다.

②과세 계좌와는 손익 통산 등이 불가능하다

NISA 계좌를 개설하려는 사람 중에는 이미 증권사에서 특정 계좌나 일반 계좌를 개설하여 주식 등을 매매하고 있는 분도 있을 것입니다.

예를 들어 특정 계좌에서 일본주식을, NISA에서 미국주식에 투자했다고 가정합시다. 특정 계좌에서 투자한 일본주식에서 이익이 나오고, NISA에서 투자한 미국주식에서 손실이 발생했다고 하더라도, 그 손익 통산은 인정되지 않습니다. 물론 손실의 이월 공제도 불가능합니다.

NISA는 분명 비과세라는 특징이 매력적이지만, 손익 통산이 불가능하다는 점에서 이미 주식 거래 등을 하고 있는 투자자에게는 약간의 불만이 생길 수 있는 제도일지도 모릅니다.

③비과세 기간이 종료된 후의 처치

예를 들어 100만 엔을 투자하였는데, 비과세 기간 종료 시점에는 90만 엔이 되었다고 가정합시다.

이 경우, 계좌 개설이 가능한 기간 내에 있다면 새로운 한도로 만기를 연장하는 방법이 있습니다.

90만 엔으로 만기를 연장하고, 비과세 기간이 끝나기 전에 초기 투자 원금을 웃돌면, 그 가격 상승 이익은 비과세 대상이 됩니다.

그러나 가격이 더 내려가면 어떻게 될까요? 예를 들어 만기를 연장한 이후 비과세 기간이 끝나는 시점에서 60만 엔까지 가격이 내려갔다고 가정합시다.

이때 여기에서 손절할지, 아니면 과세 계좌에 이관하여 계속 보유할지를 선택해야만 합니다.

앞에서 서술한 것처럼 NISA에서 발생한 손실과 과세 계좌에서 발생한 이익을 손익 통산할 수는 없습니다. 따라서 매각했다고 하더라도, 손실이 발생할 뿐입니다.

물론 전혀 상승할 전망이 없다고 판단한다면, 그 시점에서 손절하는 것도 좋습니다. 하지만 이후에 서서히 반등할 가능성이 있다고 판단할 때는 과세 계좌에 이관하여 계속 보유하는 방법도 선택지로 넣을 수 있습니다.

다만 여기에는 단 하나의 큰 문제가 발생합니다. 바로 **과세 계좌로 이관하는 경우, 그 시점의 가격이 새로운 취득 가격이 된다는 점**입니다.

예를 들어 100만 엔이 60만 엔까지 떨어졌을 때 과세 계좌에 이관하면, 과세 계좌의 취득 가격은 60만 엔이 됩니다.

만약 이후에 100만 엔까지 가격이 올랐다고 합시다. 애초에 NISA를 사용해 투자한 시점의 가격이 100만 엔이므로, 드디어 원래 매입가로 되돌아간 것입니다.

그러나 과세 계좌의 취득 가격은 60만 엔이므로 '60만 엔에서 100만 엔으로 가격이 상승'한 것이 되어, 가격 상승 이익인 40만 엔에 대해 세금이 부과됩니다.

따라서 손실을 회복하기까지는 가격이 오를 때까지 과세 계좌에서 보유하고 있겠다고 생각하는 사람은 가격 상승 이익에 대한 과세를 반드시 고려한 다음, 매각 타이밍을 가늠해야 할 필요가 있습니다.

NISA는 비과세라는 이점만 강조되기 쉽지만, 동시에 이와 같은 단점도 있다는 점에 유의해야 합니다. 이를 파악한 후, NISA를 유용하게 사용할 수 있는 방법을 고민하는 것이 중요합니다.

미국주식의 경우는 배당금 과세도 조심!

지금까지 일본의 상장 주식 및 주식 투자 신탁에서 NISA을 활용할 때의 주의 사항을 살펴보았습니다. 그렇다면 미국주식을 거래할 때, 특별히 다른 주의 사항은 없을까요?

NISA를 활용해 미국주식에 투자하면 배당금 과세에도 주의해야 합니다.

배당금에 대한 과세는 미국 국내에서 10%, 일본에서 10.315%가 부과됩니다. NISA는 배당금에 대한 세금은 비과세지만, 미국주식의 배당금에 관해서는 일본 국내에서 과세되는 10.315%만이 비과세 대상이 됩니다.

다시 말해 아무리 NISA로 운용한다고 하더라도, 미국주식의 경우, 배당금에 대해 10%가 과세되는 것입니다.

다음으로 가격 상승 이익에 대한 과세는 일본의 조세 조약에 의해 미국의 비거주자가 미국주식을 매매한 경우, 가격 상승 이익에 대한 과세는 이루어지지 않게 되어 있습니다.

게다가 NISA에서는 일본 국내의 가격 상승 이익에 대해 과세하고 있지 않으므로, NISA를 통해 미국주식에 투자하면 완전한 비과세 대상이 됩니다.

지금까지의 내용을 정리하면 NISA를 통해 미국주식에 투자한 경우, 그 수익에 대해서는 다음과 같이 과세됩니다.

①배당금 ··· 미국의 10%가 원천 분리 과세
②가격 상승 이익 ··· 미국, 일본 모두 비과세

 ## 미국주식은
장기의 자산 운용에 매우 적합하다

프롤로그에서도 다루었던 것처럼, 미국의 주식 시장은 큰 폭락을 경험하면서도 장기적으로 우상향으로 상승하고 있습니다. 그 강한 회복력이 미국주식 시장의 매력인데, 만약 그것이 앞으로도 해당되는 이야기라면 미국주식은 착실하게 가격 상승을 기대할 수 있는 투자 대상이라고 할 수 있습니다.

그렇게 생각하면, **미국주식은 장기적으로 자산을 운용하기 위한 매우 적절한 투자 대상**인 것입니다.

게다가 **미국주식은 일본주식에 비해 배당 수익률이 높다는 특징**이 있습니다. 미국에서는 평균적으로 약 5%의 배당 수익률을 얻을 수 있다는 점에서, 미국측에서 과세되는 10%만큼을 제외해도, 실질적으로 4.5%의 배당 수익률을 얻을 수 있습니다.

다시 말해 장기적으로 안정적인 배당 수익률을 얻고 싶은 사람에게는 미국주식이 매우 적절합니다.

즉 **가격 상승 이익이나 배당금 측면에서 보아도, 미국주식 시장은 안정적이고 착실하게 자산을 늘리는 데 매력적인 투자 대상**이라고 말할 수 있습니다.

에필로그

재미있게 읽으셨나요?

미국주식 시장에 투자해보고 싶은 마음이 생겼나요?

미국이라는 나라는 1776년 7월에 건국되었습니다. 건국 이래 200년 이상의 시간이 흘렀지만, 미국 경제가 가지고 있는 잠재력은 실로 헤아릴 수 없을 정도로 대단합니다.

본문에서도 서술한 것처럼, 그 잠재력을 뒷받침하는 가장 큰 요인은 다름 아닌 인구의 증가입니다.

미국은 원래 이민자의 나라이기 때문에, 일본처럼 이민에 대한 알레르기가 없습니다. 그래서 많은 사람이 미국으로 향하는 것입니다.

유럽이나 일본을 포함한 대부분의 선진국은 이미 인구의 고령화가 진행되었으며, 앞으로는 인구가 감소하는 사회가 기다리고 있습니다. 하지만 미국은 선진국의 리더와 같은 존재인데도 성공적인 이민 정책으로 인구가 줄어들지 않는 것을 넘어, 오히려 증가하는 경향을 보이고 있습니다.

게다가 미국 경제의 강력함은 그뿐만이 아닙니다. 얼마 전의 중국도 그랬지만, 인도네시아나 ASEAN(동남아시아 국가 연합)의 여러 국가 등 인구 증가를 바탕으로 계속해서 성장 단계를 밟아나가는 국가는 많이 존재합니다.

거기에서 다른 누구보다 우월한 존재가 되기 위해서는 더 높게, 그리고 장기적인 성장 트렌드를 그릴 수 있는 근본적인 요소가 필요합니다. 여러분도 잘 알고 있듯, 미국은 실력주의 국가입니다.

그 실력을 갈고닦기 위해 전 세계에서 주목받는 고등 교육이 갖추어져 있습니다. 하버드 대학, 스탠퍼드 대학, MIT 등 세계 대학의 순위를 보면, 무조건 상위에는 많은 사람이 한 번쯤 들어본 적 있는 미국 대학의 이름이 등장합니다.

그런 대학을 목표로 하여, 국내외를 불문하고 많은 청년이 미국으로 모이는 것입니다.

젊고 뛰어난 사람들은 대학 졸업 후 어떤 길을 선택할까요?

공무원?

대기업 취직?

창업?

미국에서 고등 교육을 받은 많은 청년은 제2의 애플, 제2의 구글, 제2의 페이스북을 목표로 창업하는 경우가 많습니다. 그리고 미국에는 재정적 측면에서 기업을 지원하는 벤처 캐피털이 존재하며, 세계 최대의 자본 시장이 있습니다. 정말로 훌륭한 비즈니스 모델을 그릴 수 있으면, 자본 시장을 통해 필요 자금을 쉽게 조달할 수 있습니다.

그렇기 때문에 사업을 새롭게 시작한다는 벤처 정신으로 무장한 사람들은 대부분 전 세계에서 미국을 지향하는 것입니다.

이처럼 생각하면, 미국의 인구 증가는 결코 적극적인 이민 정책에 의해서만 유지되는 것이 아니라는 것을 알 수 있습니다. 세계에서 으뜸가는 고등 교육이나 세계 최대의 자본 시장이 전 세계의 사람을 미국으로 불러 모으는 자기장이 되는 것입니다.

그리고…….

미국 경제의 미래를 생각하면, 밝은 것이 사실입니다.

한층 성장을 계속하는 미국, 그리고 엔화 약세와 달러 강세. 이 두 가지만으로도 미국에 투자하지 않을 이유가 없다고 생각하는 것은 저뿐만 일까요?

반면 일본은 현재, 앞으로 젊은 사람들이 스스로 자산을 형성해야만 하는 상황에 직면하고 있습니다.

오늘날의 고령자가 그만큼 재산을 구축했던 이유는 그들의 인생이 마침 일본의 고도 경제 성장기와 겹쳤기 때문입니다. 결과적으로 그들은 대부분 나이가 많아질 때마다 임금도 상승하는 '연공 서열 임금'과 정년까지 직장에서 쫓아내지 않는 '종신 고용제'라는 두 가지 혜택을 손에 넣을 수 있었습니다.

하지만 오늘날의 청년들은 그를 추구하기는 어려울 것입니다. 일본은 이미 안정 성장기에 들어섰으며, 경제의 파이가 계속 확대되는 국면에서 벗어났기 때문입니다.

그런 상황에서 어떻게 자기 재산을 늘려야 할까요? 미국은 세계 최대의 경제 대국이자, 문자 그대로 세계 경제를 견인하는 역할을 맡고 있기도 합니다.

그런 나라의 경제가 앞으로도 성장할 가능성이 있으므로, 이만큼 매력적인 투자 대상은 없을 것입니다.

반면 일본으로서는 앞으로 엔화 약세와 달러 강세가 진행되는 경우, 미국주식 투자로 환차익까지 노릴 수 있게 됩니다.

일단, 첫걸음을 내디뎌 봅시다. 이 책이 그 계기가 되기를 바랍니다.

모넥스증권 대표이사
마츠모토 오키

이 책은 정보 제공만을 목적으로 하고 있으며, 본문에 기재된 종목을 추천하거나 권유하지 않습니다. 본문에서 다루고 있는 정보, 예상 및 판단은 유가 증권의 구매나 매각, 파생상품 거래, 그 외의 거래를 추천하고 권유하지 않습니다. 과거의 실적이나 예상, 의견은 미래의 결과를 보증하지 않습니다.

이 책에 기재된 미국주식을 실제로 거래하는 경우, 아래와 같은 리스크가 있다는 점을 유의하기를 바랍니다. 그래서 종목의 선택, 매각 가격 등의 투자에 관한 최종 결정은 본인에게 그 판단과 책임이 있습니다.

미국 상장 유가 증권 등의 거래에 관한 중요 사항

〈리스크〉

미국주식 및 미국 ETF, REIT, 예탁 증권, 수익 증권 발행 신탁의 수익 증권 등(이하 '미국주식 등')의 매매에서는 주가 등의 가격 변동, 외국환 시세의 변동, 혹은 발행자 등의 신용 상황의 악화 등에 의해 원금 손실이 발생하는 경우도 있습니다. 미국 ETF 등의 매매에서는 뒷받침이 되는 자산의 주식 시세, 채권 시세, 금리 수준, 외환 시세, 부동산 시세, 상품 시세 등(이들의 지표를 포함한다)이나 평가액의 변동으로 원금 손실이 발생하는 경우가 있습니다. 외국 주식 등은 그 나라의 정치적, 경제적, 사회적 환경의 변화로 인해 원금 손실이 발생할 수 있습니다. 또한 외국환 시세의 변동으로 외화 예수금의 엔 환산 가치가 떨어지고, 엔으로 했을 때의 원금 손실이 발생할 가능성이 있습니다.

〈수수료 등〉

미국주식 등의 매매에서는 약정 금액에 대해 0.45%(세금 포함 0.495%)(단 수수료 상한 20 US달러(세금 포함 22 US달러))의 국내 거래 수수료가 부과됩니다. IFA 코스를 이용하는 고객에 대해, IFA를 중개한 거래 수수료는 주문 한 건의 약정 금액에 따라 다르며, 최대 14,000 US달러(세금 포함 15,400 US달러)가 부가됩니다. 또한 상기 거래 수수료 외에도 매각 시에만 현지 거래 비용이 부과됩니다. 현지 거래 비용은 시장 상황, 현지 정세 등에 따라 결정되므로 그 금액 및 수수료 등의 합계액을 다시 표시할 수 없습니다. 또한 미국 ETF 등의 매매에서는 보유 기간에 따라 신탁 보수 외에도 수수료가 부과되는 경우가 있습니다. 그리고 엔화 예금과 외화 예수금의 교환 시에 소정의 환전 수수료가 부과됩니다.

〈그 외〉

거래할 때는 모넥스증권의 홈페이지에 게재된 〈상장 유가 증권 등 서면〉과 〈리스크, 수수료 등의 중요 사항에 관한 설명〉을 반드시 읽어보기를 바랍니다. 또한 미국주식 등은 국내 금융 상품 거래소에 상장된 경우와 국내에서 공모·매도가 이루어진 경우 등을 제외하고 일본의 법령에 근거하는 기업 내용 등이 개시되지 않으므로, 거래를 이행할 때 충분히 유의하기를 바랍니다.

모넥스증권의 계좌 개설 및 유지비는 무료입니다. 계좌 개설에 관해서는 〈계약 체결 전 교부 서면〉에서 내용을 꼼꼼히 확인하기를 바랍니다.

모넥스증권주식회사 금융상품 거래업자 간토 재무국장 (금융상품) 제165호
가입협회: 일본증권업협회, 일반사단법인 제2종 금융상품거래업협회, 일반사단법인 금융선물 거래업협회, 일반사단법인 일본암호자산거래업협회, 일반사단법인 일본투자고문업협회

미국주식 투자 입문서

안정적이고 착실하게 자산을 불리고 싶은
사람에게 안성맞춤!

1판 1쇄 발행 2023년 12월 20일

지은이 마츠모토 오키
옮긴이 오정화
발행인 최봉규

발행처 지상사(청홍)
등록번호 제2017-000075호
등록일자 2002. 8. 23.
주소 서울 용산구 효창원로64길 6 일진빌딩 2층
우편번호 04317
전화번호 02)3453-6111 **팩시밀리** 02)3452-1440
홈페이지 www.jisangsa.com
이메일 c0583@naver.com

한국어판 출판권 ⓒ 지상사(청홍), 2023
ISBN 978-89-6502-007-3 [03320]